일본을 알기 쉽게

일본 나비

日本ナビ

日本ナビゲーション

박복원 저

백산출판사

はじめに
처음으로

最近、国際化・ボーダーレス・グローパル社会などの言葉が国境を越えて広がっています。

최근, 국제화・국경 없는・글로벌 사회 같은 말이 국경을 넘어 확산되고 있습니다.

こんなグローバリゼーションの現象で、日本に出かける韓国人や韓国を訪れる日本人が増加し、その目的も多様化するなか、国内外で韓国人が日本人と接する機会は日増しに多くなっています。

이런 글로벌리제이션 현상으로, 일본으로 가는 한국인이나 한국을 방문하는 일본인이 증가하고, 그 목적 또한 다양해짐에 따라, 국내외에서 한국인이 일본인을 접할 기회는 나날이 늘어나고 있습니다.

また、実際には日本に行かなくても、日本発のJ-POPやアニメとドラマなどを受け入れ、日本人や日本の文化と社会に関心を持つ韓国人も増えてきています。

또 실제로는 일본에 가지 않아도 일본발 J-POP이나 애니메이션과 드라마 등을 접하면서, 일본인이나 일본의 문화나 사회에 관심을 가진 한국인도 증가하고 있습니다.

今ではインターネットを含めて、日本や日本人に関する多種多様な情報があふれていますが、バランスの取れた「正しい」情報を見極めることは次第に難しくなってきています。

지금까지는 인터넷을 포함해서, 일본이나 일본인에 관한 여러 종류의 다양한 정보가 넘치고 있습니다만, 균형 잡힌 올바른 정보를 구분하기는 정말 어렵습니다.

この本は、日本の自然、象徴・宗教、年中行事・祭り、伝統文化、社会、食べ物、芸能などをわかりやすく解説し、日本語を学んでいる韓国人と日本文化をさらに知りたいという韓国人のお役に立つようにまとめられたものです。

이 책은, 일본의 자연, 상징・종교, 연중행사・축제, 전통문화, 사회, 먹거리, 예능 등을 알기 쉽게 해설하고, 일본어를 배우고 있는 한국인과, 일본문화를 더욱 알고 싶어 하는 한국인들에게 도움이 되도록 정리한 것입니다.

さらに、イラスト・写真を多く取り入れることで、この1冊さえあれば、日本に行かなくても日本の基本的なことがらについて誰でも理解し、説明できるようになることを目指しました。

특히, 일러스트・사진을 많이 도입하는 방식으로, 이 책 한 권만 있으면, 일본에 가지 않고도 일본의 기본적인 사정에 관해 누구라도 이해하여 설명할 수 있도록 하는 것을 목표로 하였습니다.

この本が日本文化を通じて、日本の皆さんとのコミュニケーションに役立つことを願っています。

이 책의 일본문화를 통해서, 일본인들과의 커뮤니케이션에 도움이 되기를 바랍니다.

朴馥遠

박 복 원

目次
목차

Ⅰ 自然 자연

Ⅱ 象徴·宗教 상징·종교

Ⅲ 年中行事・祭り 연중행사・축제

Ⅳ 伝統文化 전통문화

Ⅴ 社会 사회

VI 食べ物 먹거리

Ⅶ 芸能 예능

I 自然
자연

1. 位置(위치) | 2. 面積(면적) | 3. 人口(인구) | 4. 気候(기후) | 5. 山(산)
6. 火山(화산) | 7. 川(강) | 8. 湖(호수) | 9. 国立公園(국립공원) | 10. 都道府県(도도부현)

1 位置(위치)

日本はアジア大陸の東にある島国です。大きい島が四つあります。

일본은 아시아 대륙의 동쪽에 있는 섬나라입니다. 큰 섬은 4개 있습니다.

島の名前は、北から、北海道、本州、四国、九州です。日本の西には、歴史的に関係の深い韓国や中国などがあります。日本の東と南西には太平洋があります。また、北にはサハリン(樺太)、南には台湾があります。

섬 이름은 북쪽부터 홋카이도, 혼슈, 시코쿠, 규슈입니다. 일본의 서쪽에는 역사적으로 관계가 깊은 한국이나 중국 등이 있습니다. 일본의 동쪽과 서남쪽에는 태평양이 있습니다. 또 북쪽에는 사할린, 남쪽에는 타이완이 있습니다.

緯度と経度を使うと、東西は東経122度から154度の間で、南北は北緯20度から46度の位置にあります。

위도와 경도를 이용하여 설명하면, 동서는 동경 122도에서 154도 사이이고, 남북으로는 북위 20도에서 46도 사이에 위치하고 있습니다.

日本の位置(일본의 위치)

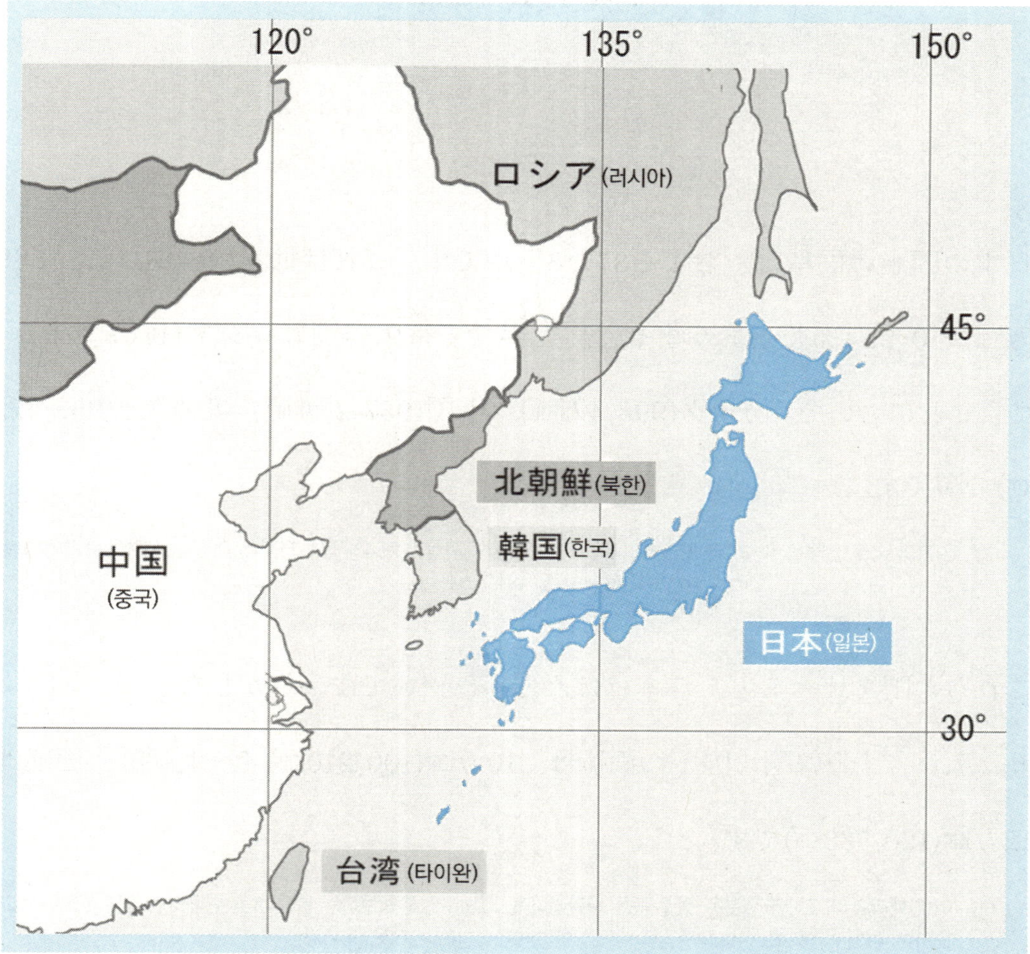

2 面積(면적)

日本の国土の面積は、およそ37万8千㎢です。これは世界の陸地(16億4889万㎢)の0.254%しかありません。世界で一番広い国はロシア(1709.8万㎢)で、これについで、カナダ(998.4万㎢)、中国(957.2万㎢)、アメリカ(952.5万㎢)の順です。

일본의 국토 면적은 약 37만 8천㎢입니다. 이는 세계 육지의 0.254%밖에 되지 않습니다. 세계에서 가장 넓은 나라는 러시아이고, 그 다음으로 캐나다, 중국, 미국 순입니다.

これらの国と比べると、日本はほんとうに狭いです。しかしながら、韓国よりは広いです。韓国の国土の面積は、10万㎢(100,210㎢)で、北朝鮮の面積は12万㎢(120,538㎢)です。

이들 나라와 비교하면 일본은 정말 좁은 나라입니다. 그렇지만 한국보다는 넓습니다. 한국의 면적은 10만㎢이고, 북한의 면적은 12만㎢입니다.

島の面積は、本州(総面積の60%)の3分の1が北海道、北海道の2分の1が九州、九州の2分の1が四国という割合になっています。

섬의 면적은 혼슈(총면적의 60%)의 1/3이 홋카이도, 홋카이도의 1/2이 규슈, 규슈의 1/2이 시코쿠라는 비율로 되어 있습니다.

일본 면적
37만7947km²
北海道(홋카이도)
7만7984km²
本州(혼슈)
22만7970km²
四国(시코쿠)
1만8301km²
九州(규슈)
3만6750km²

3 人口 (인구)

世界の人口は、1分に137人、1日で20万人、1年で7千万人、増えています。世界中で、1年に6千万人が亡くなり、1億3千万人が生まれます。日本の場合は、毎日2879人が生まれ、3433人が亡くなります。

세계 인구는 1분에 137명, 하루에 20만 명, 1년에 7천만 명이 증가하고 있습니다. 세계 전체적으로 1년에 6천만 명이 죽고, 1억 3천만 명이 태어납니다. 일본의 경우, 매일 2,879명이 태어나고, 3,433명이 죽습니다.

日本の人口は、約1億2700万人で世界10位です。

出産年齢や未婚率の上昇もあって、出生率が低下し、生まれる子どもの数がいちじるしく減少する少子化が進んでいます。その結果、人口全体に占める高齢者の割合がさらに高くなるとともに、将来の労働者の減少や、高齢者の生活を支える負担が大きくなることが心配されています。

일본의 인구는 약 1억 2,700만 명으로 세계 10위입니다.
출산연령이나 미혼율 증가로 출생률이 줄어들고, 태어나는 자녀 수도 현저하게 감소하는 소자화(총 인구에서 차지하는 어린이 인구비율이 줄어드는 현상)가 진행되고 있습니다. 그 결과, 인구 전체에서 차지하는 고령자의 비율이 더욱 높아짐과 동시에, 미래 노동자의 감소나, 고령자의 생활에 필요한 비용부담이 크게 늘어나리라는 고민이 있습니다.

少子化によって、日本はまもなく人口減少の時代に入るとされ、経済力全体の低下などの影響が予想されています。

소자화에 의해, 일본은 곧 인구감소 시대에 진입하게 되고, 전체 경제력의 저하 등의 영향이 예상되고 있습니다.

世界の人口数(세계의 인구 수)

순위	나라이름	인구 수
1	中国(중국)	1,298,847,624
2	インド(인도)	1,065,070,607
3	アメリカ合衆国(미국)	293,027,571
4	インドネシア(인도네시아)	238,452,952
5	ブラジル(브라질)	184,101,109
10	日本(일본)	127,057,352
24	韓国(한국)	48,598,175
48	北朝鮮(북한)	22,697,553

世界の人口密度(세계의 인구밀도)

人口密度とは、人口統計において、単位面積1k㎡当たりに居住する人の数により定義される数値です。

인구밀도란 인구통계에 있어서, 단위면적 1k㎡당 주거하는 사람 숫자에 의해 정의되는 수치입니다.

日本の人口密度は336㎢で、モナコ(16,244人/㎢)、シンガポール(7,941人/㎢)、韓国(507人/㎢)より低いです。

일본의 인구밀도는 336㎢로, 모나코, 싱가포르, 한국보다 낮습니다.

순위	나라이름	인구밀도(km²)
1	モナコ(모나코)	16,244
2	シンガポール(싱가포르)	7,941
3	香港(홍콩)	6,622
4	バーレーン(바레인)	1,702
12	韓国(한국)	507
21	日本(일본)	336

4 気候(기후)

日本は南北に細長いため、北は亜寒帯から南は亜熱帯まで、さまざまな気候区分に属しています。

일본은 남북으로 가늘고 길기 때문에, 북쪽은 아한대에서 남쪽은 아열대까지 여러 가지 기후 구분에 속해 있습니다.

また、日本列島には、高い山々が連なる山脈があるため、冬は日本海側では曇りや雪または雨の日が多い一方、太平洋側では晴れの日が多くなります。

또 일본열도에는 높은 산들이 연결된 산맥이 있기 때문에, 겨울에는 동해(일본해) 쪽은 흐린 날씨나 눈 또는 비오는 날이 많은 데 비해, 태평양 쪽은 맑은 날이 많습니다.

夏には太平洋側から南東の風が吹きます。それで、夏には、太平洋側では雨がたくさん降ります。これらのように、地方によって気候には大きな違いが見られます。

여름에는 태평양 쪽에서 남동풍이 불어옵니다. 그래서 여름에는 태평양 쪽에서 비가 많이 내립니다. 이렇게 지방에 따라 기후에 큰 차이가 있음을 알 수 있습니다.

日本の気候区分(일본의 기후구분)

① 北海道気候: 夏が涼しいです。しかし冬が0℃以下で寒いです。梅雨や台風の影響を受けないのでからっとした天気が多いです。

홋카이도 기후: 여름은 서늘합니다. 그러나 겨울이 0℃ 이하로 춥습니다. 장마나 태풍의 영향을 받지 않기 때문에 건조한 날씨가 많습니다.

② 日本海岸気候: 冬は北西からの季節風の影響を受けて雪が多く、山沿いの地域では豪雪地帯となります。夏は晴れた日が多く、気温も高いです。

일본해안 기후: 겨울에는 서북쪽에서 부는 계절풍의 영향을 받아 눈이 많고 산간지역은 강설량이 많습니다. 여름은 맑은 날이 많고, 기온도 높습니다.

③ 内陸性気候: 季節風の影響を受けにくいので、1年を通じて降水量が少ないです。夏と冬、昼と夜の気温の差が大きいです。

내륙성 기후: 계절풍의 영향을 거의 받지 않기 때문에 대체로 강수량이 적습니다. 여름과 겨울, 밤과 낮의 기온 차가 큽니다.

④ 瀬戸内海気候: 夏は四国山地、冬は中国山地が季節風をさえぎるので、1年を通じて晴れた日が多く、雨が少ないです。

세토나이카이 기후: 여름에는 시코쿠 산지, 겨울에는 주고쿠 산지가 계절풍을 막고 있기 때문에 일 년 내내 맑은 날이 많고, 비가 적습니다.

⑤ 太平洋岸気候: 夏は南東からの季節風の影響を受けて雨が多く、蒸し暑い天気が多いです。冬は北西からの季節風の影響によって山越しに冷たい乾いた風(からっ風)が吹き、かわいた晴れの天気が多いです。

- 태평양안 기후: 여름에는 남동쪽에서 불어오는 계절풍의 영향으로 비가 많고, 무더운 날이 많습니다. 겨울에는 북서쪽에서 불어오는 계절풍의 영향으로 산을 넘어 차갑고 건조한 바람이 불어 건조하고 맑은 날이 많습니다.

5 山(산)

日本には高くて険しい山がたくさんあります。国土の約73%(4分の3)は山地です。

일본에는 높고 험한 산이 많습니다. 국토의 약 73%(3/4)는 산지입니다.

富士山は高さが3776メートルあって、日本で一番高い山です。富士山のほかにも、高い山が多いです。とくに本州の中央部には3000メートル以上の山がたくさんそびえていて、「日本の屋根」と呼ばれています。

후지산은 높이 3,776m로, 일본에서 가장 높은 산입니다. 후지산 외에도 높은 산들이 많습니다. 특히 혼슈의 중앙부에는 3,000m 이상의 산들이 많이 솟아 있어, 「일본의 지붕」이라 불립니다.

순위	山の名前	高さ(m)
1	富士山(후지산)	3,776m
2	北岳(기타다케)	3,193m
3	奥穂高岳(오쿠호다카다케)	3,190m
4	間の岳(아이노다케)	3,189m
5	槍が岳(야리가타케)	3,180m

おもな山(주요 산)

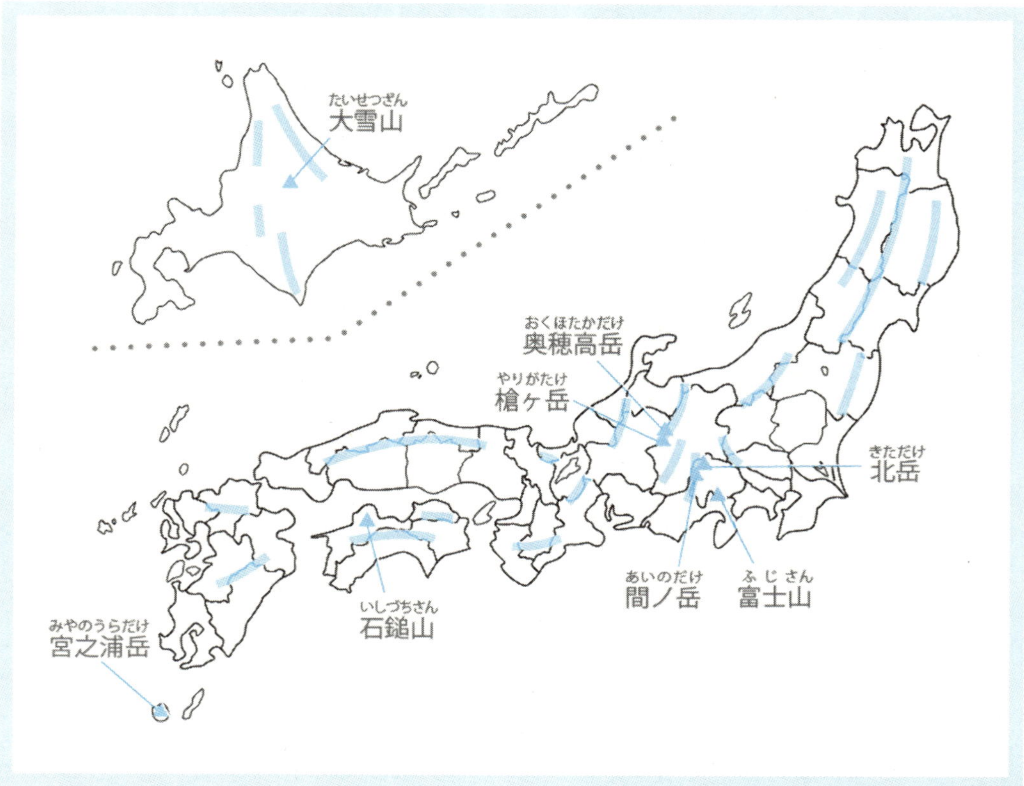

山脈(산맥)

山が続いている所を山脈といいます。日本の山脈は、日本列島のまん中を背骨のように続いています。それで、列島全体は海の中にそびえている山脈のようです。

산이 연속적으로 이어진 지형을 산맥이라고 합니다. 일본의 산맥은 일본열도 정중앙을 등뼈처럼 잇고 있습니다. 그래서 열도 전체는 바닷속에 솟아 있는 산맥 같습니다.

おもな山脈(さんみゃく)(주요한 산맥)

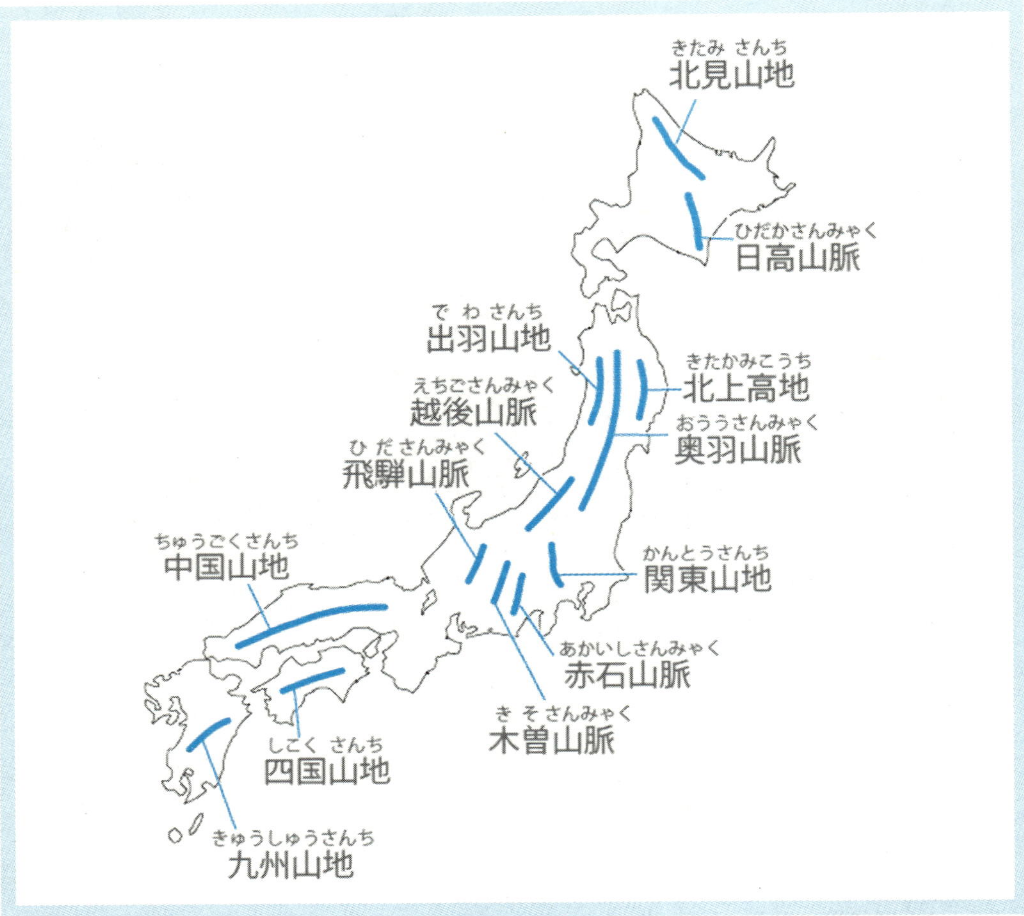

6 火山(화산)

日本には、富士山をはじめ200以上の火山があります。火山は、活動状況によって、活火山・休火山・死火山に分けられます。

일본에는, 후지산을 비롯해 200개 이상의 화산이 있습니다. 화산은 활동상황에 따라 활화산・휴화산・사화산으로 나눌 수 있습니다.

日本には活火山が108あります。有名なのは、浅間山・阿蘇山・桜島・三原山・雲仙岳です。世界の活火山のおよそ13パーセントが日本に集中しています。

일본에는 활화산이 108개 있습니다. 유명한 활화산은, 아사마야마・아소산・사쿠라지마・미하라야마・운젠다케입니다. 세계 활화산의 약 13%가 일본에 집중되어 있습니다.

北から南まで、7つの火山帯が走っています。それは日本が、4つの構造帯(太平洋、フィリピン、ユーラシア、北アメリカ)の分岐、合流点に位置しているからです。

북쪽에서 남쪽까지 7개의 화산대가 형성되어 있습니다. 그것은 일본이, 4개의 구조대(태평양, 필리핀, 유라시아, 북아메리카)의 분기점, 합류점에 위치하고 있기 때문입니다.

おもな火山(かざん)(주요 화산)

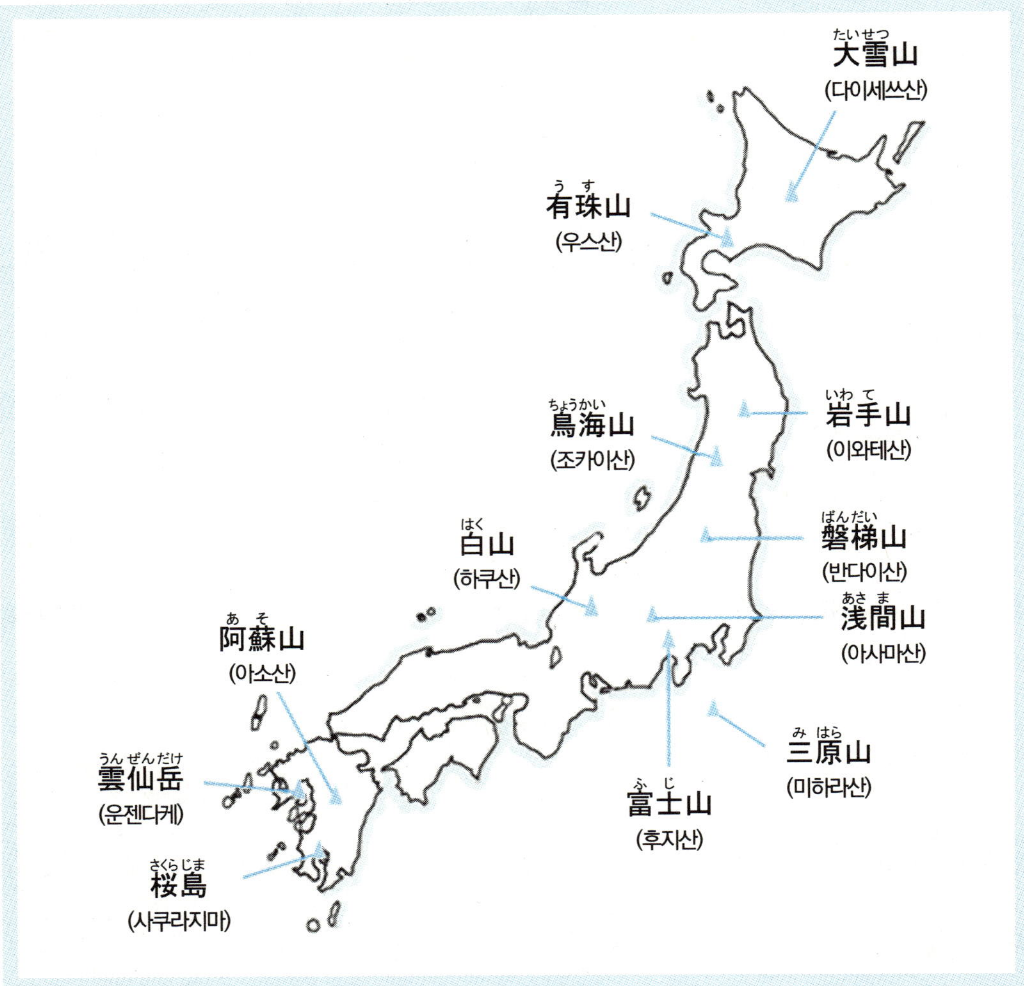

7 川(강)

日本の川は、山と海との距離が近いために、流れが急です。川の流れが急なので、雨が降ると、すぐ川の水があふれます。しかし、ふだんはあまり川に水がなく、そのため、上流に、ダムが造ってある川がたくさんあります。また、ダムの水は、発電や農業や工業や飲み水に使われます。

> 일본의 강은 산과 바다의 거리가 가깝기 때문에 흐름이 급합니다. 강의 흐름이 급하기 때문에 비가 오면 바로 강물이 범람합니다. 그러나 평소에는 물이 별로 없기 때문에 강 상류에는 댐이 많습니다. 또 댐의 물은 발전이나 농업, 공업, 식수로 사용됩니다.

日本で一番長い川は信濃川(367㎞)で、次は利根川(322㎞)、石狩川(268㎞)です。これは世界で一番長いアフリカのナイル川の1/18(6690㎞)、中国の揚子江の1/15(5530㎞)で、韓国の洛東江(525㎞)、漢江(514㎞)、錦江(401㎞)よりも短いです。

> 일본에서 가장 긴 강은 시나노강이고, 다음은 도네강, 이시카리강입니다. 이것은 세계에서 가장 긴 아프리카 나일강의 1/18, 중국 양자강의 1/15이고, 한국의 낙동강, 한강, 금강보다도 짧습니다.

おもな川(かわ)(주요 강)

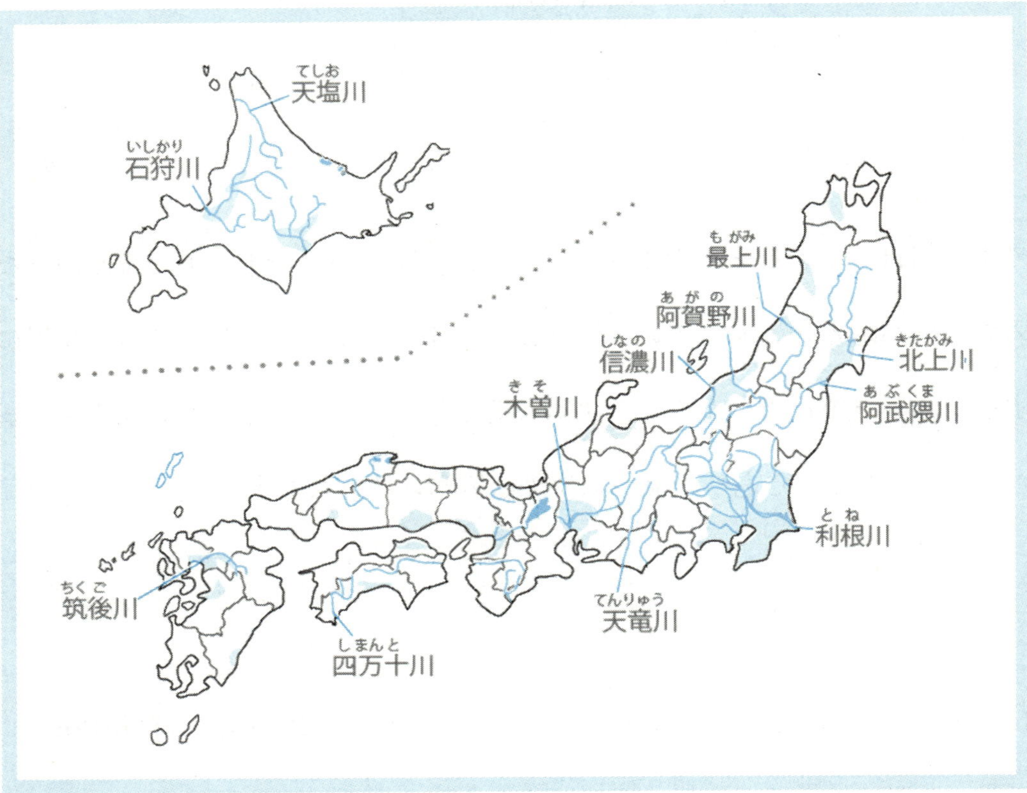

순위	강의 이름	길이(km)
1	信濃川(しなのがわ)(시나노강)	367
2	利根川(とねがわ)(도네강)	322
3	石狩川(いしかりがわ)(이시카리강)	268
4	天塩川(てしおがわ)(데시오강)	256
5	北上川(きたかみがわ)(기타카미강)	249

平野(평야)

平野は広く平らな地面のことです。日本の平野は、数も少なく小規模です。国土全体に占める割合は、わずか29パーセントです。平野の大部分は沿岸に位置しています。

평야는 넓고 평평한 지면을 말합니다. 일본의 평야는 숫자도 적고 소규모입니다. 국토 전체에서 차지하는 비율은 겨우 29%입니다. 평야의 대부분은 연안에 위치해 있습니다.

一番大きい平野は、利根川の流域にある関東平野で、本州中央部にあります。首都東京をかかえ、もっとも人口が多い地域となっています。

제일 큰 평야는 도네강 유역에 있는 간토평야로, 혼슈 중앙부에 있습니다. 수도 도쿄까지 포함하고 있어 인구가 가장 많은 지역이기도 합니다.

その他の主な平野には、北海道の石狩平野、信濃川の流域にある越後平野などです。これらの平野も、世界の大きい平野に比べると、たいへん小さいです。

그 외의 주요 평야로는 홋카이도의 이시카리평야, 시나노강 유역에 있는 에치고평야 등입니다. 이들 평야도 세계의 큰 평야에 비하면 매우 작습니다.

おもな平野(へいや)(주요한 평야)

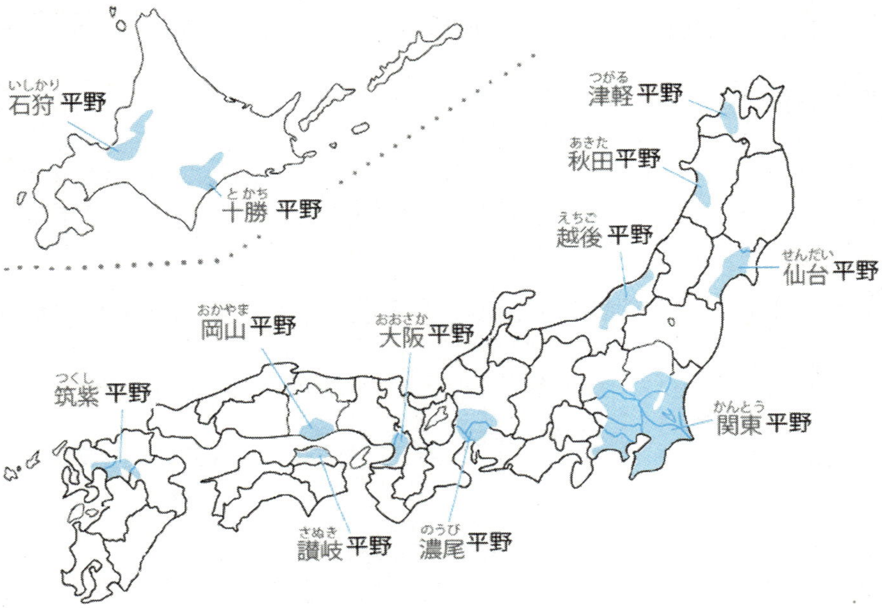

8 湖(호수)

日本には、面積が1平方キロメートル以上の湖が100ほどあります。中でも一番大きな湖は琵琶湖です。面積は670.3平方キロメートルで、本州中央部に位置しています。

- 일본에는 면적 1㎢ 이상의 호수가 100개쯤 있습니다. 그중에서 가장 큰 호수는 비와코입니다. 면적은 670.3㎢이고, 혼슈 중앙부에 위치하고 있습니다.

琵琶湖の他にも、霞ヶ浦、サロマ湖など多くの湖が点在しています。

- 비와코 외에도, 가스미가우라, 사로마코 등 많은 호수가 여기저기 흩어져 있습니다.

日本の湖の総面積は日本の国土の約1%を占めています。これらの湖は、太古から人間に魚介類などの恵み、水上交通路および美しい景観を与え、人間と密接な関係を保ってきました。

- 일본 호수의 총면적은 일본 국토의 약 1%를 차지하고 있습니다. 이들 호수는 아주 오랜 옛날부터 사람들에게 물고기와 조개 등의 혜택을 주고, 수상교통로 및 아름다운 경관을 제공하여 사람들과 밀접한 관계를 유지해 왔습니다.

おもな湖(주요 호수)

	호수 이름	위치하고 있는 곳	면적(㎢)
1	琵琶湖(비와코)	滋賀県	670.2
2	霞ヶ浦(가스미가우라)	茨城県	167.6
3	サロマ湖(사로마코)	北海道	151.8
4	猪苗代湖(이나와시로코)	福島県	103.3
5	中海(나카우미)	鳥取県・島根県	86.2

9 国立公園(국립공원)

日本では1931年に「国立公園法」が制定され、現在、32ヶ所の国立公園があります。

일본에서는 1931년에 「국립공원법」이 제정되어, 현재 32군데의 국립공원이 있습니다.

日本には国立公園、国定公園、都道府県立自然公園のシステムが制度として整備されました。

일본에는 국립공원, 국정공원, 도도부현립공원의 시스템이 제도화되어 정비되어 있습니다.

国立公園は日本を代表する自然の風景地であり、国が指定し管理するものです。国定公園は国立公園に準ずる自然の風景地であり、国が指定し都道府県が管理するものです。都道府県立自然公園は都道府県を代表する自然の風景地で、都道府県が指定し管理する公園です。

국립공원은 일본을 대표하는 자연 경승지이고, 국가가 지정하여 관리하는 것입니다. 국정공원은 국립공원에 준하는 자연 경승지로 국가가 지정하고 도도부현이 관리하는 것입니다. 도도부현립공원은 도도부현을 대표하는 자연 경승지로 도도부현이 지정하여 관리하는 공원입니다.

北海道・東北地方(홋카이도・도호쿠 지방)

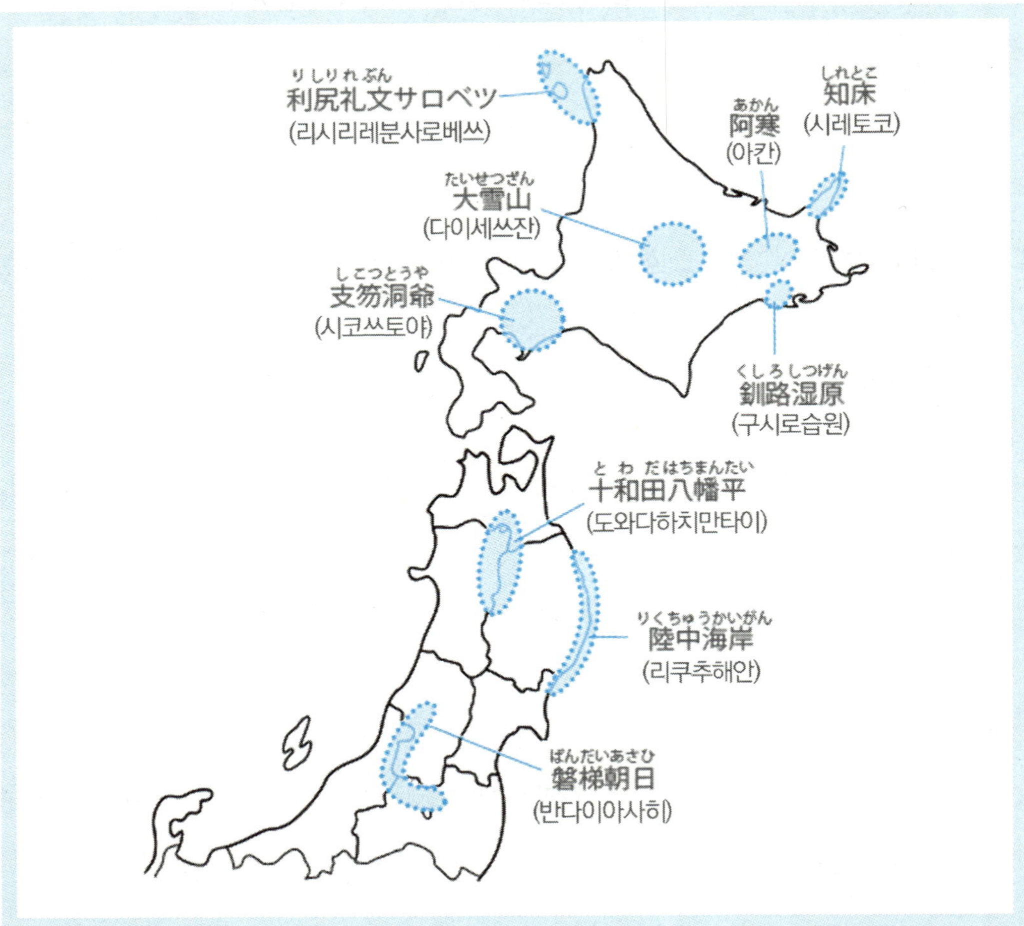

関東・中部地方(간토・주부 지방)

近畿・中国・四国・九州地方(긴키・주고쿠・시코쿠・규슈 지방)

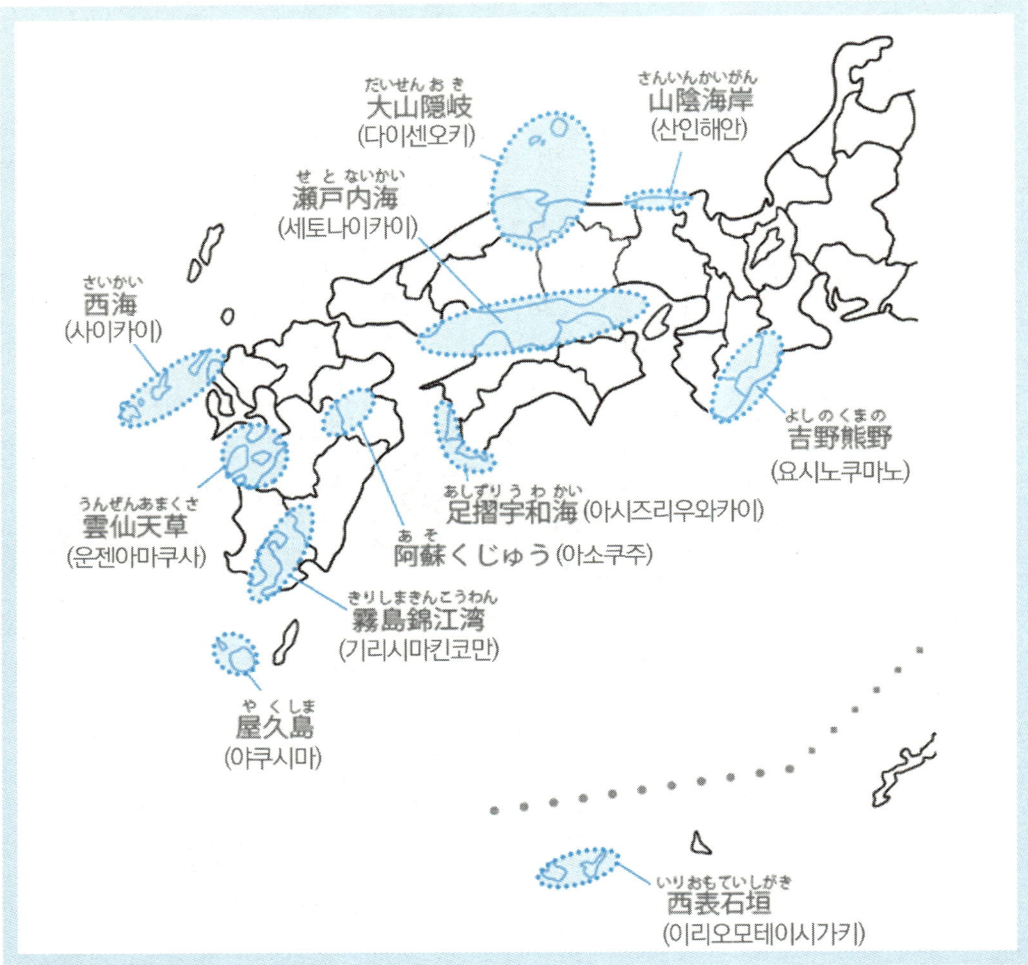

10 都道府県(도도부현)

日本には、1都(東京都)・1道(北海道)・2府(大阪府・京都府)・43の県があります。

일본에는, 1도(도쿄도)・1도(홋카이도)・2부(오사카부・교토부)・43개의 현이 있습니다.

普通、本州を五つの地方にわけます。東北地方・関東地方・中部地方・近畿地方・中国地方です。

보통, 혼슈를 다섯 개의 지방으로 나눕니다. 도호쿠 지방・간토 지방・주부 지방・긴키 지방・주고쿠 지방입니다.

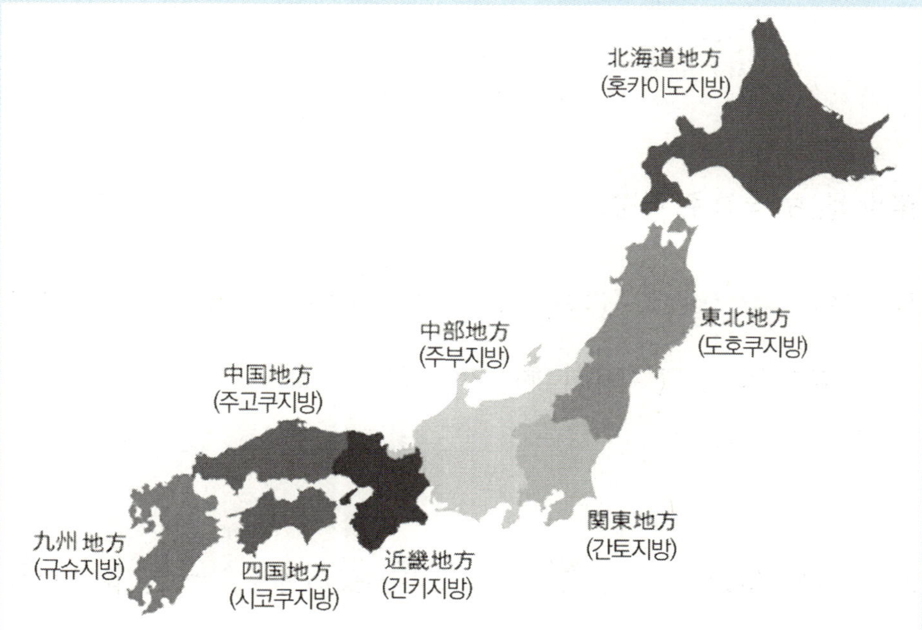

北海道地方(홋카이도 지방)

北海道地方は、日本の最北端にあって、日本でもっとも新しく開かれた地方です。1869年、明治政府は、アメリカから指導者を招いて、積極的に開拓を始めました。

홋카이도 지방은, 일본의 최북단에 위치하고 있고, 일본에서 가장 늦게 개척된 지방입니다. 1869년 메이지 정부는, 미국으로부터 지도자를 초빙하여 적극적으로 개척을 시작하였습니다.

北海道は、緯度が高く大陸の影響が強いため、全体として冷涼で、冬が長いです。夏は短く、春も秋もわずかの期間です。本州と北海道の間は青函トンネル(1988年)によって結ばれています。また、フェリーや飛行機で直接に本州の各地から行くこともできるようになっています。

홋카이도는 위도가 높고 대륙의 영향이 강하기 때문에, 전 지역이 서늘하고 겨울이 깁니다. 여름은 짧고 봄이나 가을도 상당히 짧게 끝납니다. 혼슈와 홋카이도 사이에는 세이칸 터널(1988년)이 연결되어 있습니다. 또 페리나 비행기로 직접 혼슈의 각 지역으로 갈 수 있게 되어 있습니다.

東北地方(도호쿠 지방)

東北地方は、本州の東北部にあって、南北に長いです。面積は全国の約20%をしめていますが、人口は10%に満たないです。

도호쿠 지방은, 혼슈의 동북부에 있으며, 남북으로 깁니다. 면적은 전국의 약 20%를 차지하고 있는데, 인구는 10%도 되지 않습니다.

気候は、一般に気温が低く、夏が短くて冬が長いです。また、南北に長くのびているので、南部と北部との気温の差が大きいです。

기후는 일반적으로 기온이 낮고, 여름은 짧고 겨울은 깁니다. 또 남북으로 길게 뻗어 있기 때문에, 남부와 북부의 기온차가 큽니다.

東北地方の耕地面積の約70%は水田です。稲は、この地方のもっとも重要な作物で、米の生産は全国の約4分の1をしめ、ここから、京浜・阪神地方をはじめ、その他の地方に大量の米が移出されています。

도호쿠 지방 경지 면적의 약 70%는 논입니다. 벼는 이 지방의 가장 중요한 작물로, 쌀 생산은 전국의 약 1/4을 차지하며, 여기서 게이힌・한신 지방을 비롯하여 그 외의 지방으로 쌀이 대량 이출되고 있습니다.

また、この地方では、冷涼な気候に適した果樹栽培が盛んです。青森県のりんご、山形県のおうとう・西洋なしなどの収穫量は、それぞれ全国第一位をしめています。

또 이 지방에서는, 서늘한 기후에 적합한 과일재배가 성행합니다. 아오모리현의 사과, 야마가타현의 앵두・서양배 등의 수확량은 각각 전국 1위를 차지하고 있습니다.

関東地方(간토 지방)

関東地方は本州のほぼ中央部にあって、本州が東西方向から南北方向に曲がる部分の太平洋側に位置しています。

간토 지방은, 혼슈의 거의 중앙부에 위치하고 있고, 혼슈가 동서 방향에서 남북 방향으로 구부러진 부분의 태평양 쪽에 위치하고 있습니다.

面積は、全国の約8%にすぎないですが、人口は約30%をしめています。東京から横浜にかけて広がる京浜工業地帯は、世界的な大工業地帯です。ここには、軽工業から重化学工業にいたるまで、あらゆる工業が発達しています。

工業の種類別の割合では機械工業の割合がもっとも高いですが、その内容を見ると、テレビや自動車・カメラなど、人々が日常の生活の中で使う消費財の生産が多いです。

면적은 전 국토의 약 8%에 불과하지만, 인구는 약 30%를 차지하고 있습니다. 도쿄에서 요코하마 사이에 펼쳐진 게이힌 공업지대는, 세계적인 대공업지대입니다. 여기는, 경공업에서 중화학공업에 이르기까지, 모든 공업이 발달해있습니다. 공업의 종류별 비율로는 기계공업의 비율이 가장 높은데, 그 내용을 보면, 텔레비전이나 자동차・카메라 등, 사람들이 일상생활 중에 사용하는 소비재의 생산이 많습니다.

中部地方(주부 지방)

中部地方は、本州のほぼ中央部にあり、東日本と西日本を結ぶ重要な位置をしめています。また、この地方は日本でもっとも高い山々がそびえている地方です。特に、中央部には、日本アルプスと呼ばれる飛騨・木曽・赤石山脈が、本州を横切るように南北の方向にほぼ平行して連なっています。

주부 지방은, 혼슈의 거의 중앙부에 있고, 동일본과 서일본을 연결하는 중요한 위치를 차지하고 있습니다. 또 이 지방은 일본에서 가장 높은 산이 솟아 있는 지방입니다. 특히 중앙부에는 일본알프스라고 부르는 히다・기소・아카이시 산맥이 혼슈를 가로지르듯이 남북 방향으로 거의 평행하게 연결되어 있습니다.

近畿地方(긴키 지방)

近畿地方は、ほぼ日本の中央部にあります。瀬戸内海に続くこの地方の中央部の低地は、交通がよく、昔から大陸の文化を受け入れて開け、奈良や京都などに都も置かれて、長い間日本の政治・文化の中心でした。

긴키 지방은, 일본의 거의 중앙부에 있습니다. 세토나이카이로 이어지는 이 지방의 중앙부 저지대는, 교통이

편리하여, 옛날부터 대륙의 문화를 받아들여 발전시키고, 나라나 교토 등에 수도까지 놓여서, 오랫동안 일본의 정치・문화의 중심이 되었습니다.

近畿地方の地形は、日本海に面した北部山地と太平洋に突き出た紀伊半島の南部山地、その間の中央低地に分けられます。

긴키 지방의 지형은, 니혼카이에 접한 북부 산지와 태평양으로 튀어나온 기이반도의 남부 산지, 그 사이의 중앙 저지로 나눌 수 있습니다.

大阪市を中心として、京都市・神戸市などは、人口の密集地域になっています。大阪市は、西日本第一の都市で、東京と共に日本の商圏を大きく二分しています。また、神戸市は、日本を代表する港湾都市です。この二つの都市を中心にして、早くから阪神工業地帯が発展しました。さらに、京都市は、教育や文化の中心地として、大きな役割を果たしています。

오사카시를 중심으로, 교토시・고베시 등은 인구 밀집 지역으로 되어 있습니다. 오사카시는 서일본에서 제일 큰 도시로, 도쿄와 함께 일본 상권을 크게 이분하고 있습니다. 또 고베시는 일본을 대표하는 항만 도시입니다. 이 두 도시를 중심으로 해서 일찍부터 한신 공업지대가 발달했습니다. 더욱이 교토시는 교육이나 문화의 중심지로서 큰 역할을 하고 있습니다.

中国地方と四国地方(주고쿠 지방과 시코쿠 지방)

中国地方と四国地方は、北九州と近畿地方を結ぶ位置にあります。この中で瀬戸内地方は、古くから大陸との関係が深い九州と、長い間、都に置かれていた近畿を結ぶ廊下のような役割を果たしてきました。

주고쿠 지방과 시코쿠 지방은, 기타규슈와 긴키 지방을 연결하는 위치에 있습니다. 이 가운데에서 세토우치 지방은, 옛날부터 대륙과 관계가 깊은 규슈 지방과 오랫동안 수도였던 긴키 지방을 연결하는 복도 같은 역할을 해왔습니다.

九州地方(규슈 지방)

九州地方は日本列島の南西の端にあり、西には東シナ海をへだてて中国があり、北には大韓海峡をはさんで韓半島があります。南には南西諸島が台湾との間に飛び石のように連なっています。

また、九州地方は、特に夏に降水量が多いです。これは、梅雨と台風のもたらす雨のためで、この時期の大雨は、たびたび、九州に災害をもたらしています。

규슈 지방은, 일본 열도 남서의 끝에 위치하고, 서쪽으로는 동지나해를 사이에 두고 중국이 있고, 북쪽으로는 대한해협을 끼고 한반도가 있습니다. 남쪽으로는 난세이제도가 타이완과의 사이에 징검다리처럼 연결되어 있습니다. 또 규슈 지방은, 특히 여름에 강수량이 많습니다. 이것은 장마와 태풍이 가져오는 비 때문이고, 이 시기의 큰 비는 규슈에 재해를 자주 초래하고 있습니다.

II 象徴・宗教
상징・종교

1 国名(국명)

日本は6世紀頃までは「倭」と称していましたが、7世紀後半の天武・持統朝付近から「日本」という新しい国号を使用しはじめたようです。

일본은 6세기경까지는 「왜」라고 불렀지만, 7세기 후반인 덴무・지토 천황 때부터 「일본」이라는 새로운 국호를 사용하기 시작한 것 같습니다.

聖徳太子が小野妹子を隋に派遣した時(607~609年)、隋の煬帝に送った親書に「日出ずる処の天子、書を日没する処の天子に致す。」と書いたから、以後、対外的に日本を国名に使うようになりました。

쇼토쿠 태자가 오노노 이모코를 수나라에 사신으로 파견했을 때, 수나라 양제에게 보낸 친서에 「해 뜨는 곳의 천자가 해 지는 곳의 천자에게 글을 보내노라」라고 썼기 때문에, 이 이후 대외적으로 일본을 국명으로 사용하게 되었습니다.

韓国や中国はアジア大陸に位置しており、日本はそれより東にあって太陽が韓国とか中国よりも早く昇るということから命名したものです。

한국이나 중국은 아시아 대륙에 위치해 있고, 일본은 그보다 동쪽에 있어서 한국이나 중국보다 해가 일찍 떠오른다는 사실에서 붙여진 이름입니다.

日本に当たる「Japan」という英語の由来については、中国の唐の時代に、日本のことを「ジッポン」と発音していたのをマルコ・ポーロが旅行記の中でジパングと紹介(しょうかい)したために、「Zipangu」または「Jipangu」となったという説(せつ)があります。フランス語(ご)のジャポンやドイツ語(ご)のヤーパンなども、「Japan」と同(おな)じ由来(ゆらい)です。

일본에 해당하는 「Japan」이라는 영어의 유래에 관해서는, 중국 당나라 시대에 일본에 대한 것을 「짓폰」이라고 발음했던 것을 마르코 폴로가 여행기에서 지팡구로 소개했기 때문에, 「Zipangu」 혹은 「Jipangu」가 되었다는 설이 있습니다. 프랑스어의 자폰이나 독일어의 야판 같은 것도 「Japan」과 같은 유래입니다.

쇼토쿠 태자(聖德太子)

2 国旗(국기)

日本の国旗は、日章旗と言います。日章旗は、白地に赤い日の丸という、まことにシンプルなデザインです。紅白は日本で「おめでたい色」とされていたり、赤は「博愛、活力」を意味し、白は「神聖」と「純潔」を意味するものというのもあって、国旗の色に選ばれたとも考えられています。

일본 국기는 일장기라고 합니다. 일장기는 흰 천에 빨간 동그라미라는 지극히 단순한 디자인입니다. 빨간색과 흰색은 일본에서는 「경사스러운 색」으로 여기며, 빨간색은 「박애, 활력」을 의미하고, 흰색은 「신성함」과 「순결함」을 뜻하는 경우도 있어, 국기 색으로 선정되었다고 할 수 있습니다.

昔から、「日出ずる処」が日本という意識があり、神話の天照大神が太陽神であることから、主として神社の旗やのぼりに用いられ、1870年からは商船に揚げる国旗として制定されました。

옛날부터 「해 뜨는 곳」이 일본이라는 의식이 있었고, 일본신화의 아마테라스 오가미가 태양신이었기 때문에 주로 진자의 깃발로 사용되고, 1870년부터는 상선에 게양하는 국기로 제정되었습니다.

1999年に公布・施行された「国旗及び国歌に関する法律」の規定によれば、縦横の比が2対3、日章の直径は縦の長さの3/5となっています。

1999년에 공포・시행된 「국기 및 국가에 관한 법률」의 규정에 의하면 가로세로의 비율이 2대 3, 일장의 직경은 세로 길이의 3/5으로 되어 있습니다.

3 君が代(기미가요)

日本の国歌は「君が代」です。「君」が何を意味するかは、古来から諸説があったものの、明治政権成立以降からは、天皇と解釈することになりました。「君が代」は天皇讃歌となったのです。

일본의 국가는 「기미가요」입니다. 「기미(君)」가 무엇을 뜻하는지는, 옛날부터 여러 설이 있었지만, 메이지 정권이 수립된 이후부터 천황이라고 해석하게 되었습니다. 「기미가요」는 천황 찬가가 된 것입니다.

こんなものが日本の国歌であるのは不適切だという異論もあります。しかし、この歌は国歌として国家的祭典、国際的行事、学校や祝日などにおいて歌われています。国技である相撲でも、千秋楽の優勝者表彰の時には観客全員が起立して歌います。

이런 것이 일본의 국가인 것은 부적절하다는 견해도 있습니다. 그러나 이 노래는 국가로서 국가적 제전, 국제적 행사, 학교나 국경일 같은 데서도 제창되고 있습니다. 국기인 스모경기에서도 마지막 날 우승자에게 시상할 때에 관객 전원이 기립해서 노래합니다.

歌詞は、「君が代は千代に八千代にさざれ石の岩おとなりてこけのむすまで」ですが、この歌詞の意味は、「天皇の御世は、千代も八千代も続くように。小さな小石が岩になって、それに苔が生えるほど永遠に続くように。」ということです。(昔の人は、岩は小石や砂が長年かかって凝り固まってできるものと信(しん)じていたといわれている。)

가사는「천황이 통치하는 시대는 1000대에서 8000대까지 계속되기를. 작은 돌이 바위가 되고, 그 위에 이끼가 낄 때까지 영원히 계속되기를」이라는 내용입니다. (옛날 사람들은, 바위는 작은 돌이나 모래가 오랜 세월에 걸쳐 응고되어 굳어져서 생긴 것이라 믿고 있었다고 전해진다.)

君が代

古歌
林広守 作曲

4 国花(국화)

桜(벚꽃)

桜は日本を代表し象徴する花で、公式には国花ではないものの、国花の一つであるかのように扱われています。

벚꽃은 일본을 대표하고 상징하는 꽃으로, 공식적으로 국화로 지정된 것은 아니지만, 국화 중 하나처럼 인식되고 있습니다.

桜は春の象徴、花の代名詞として和歌、俳句をはじめ文学全般において非常に良く使われており、現代でも多くの音楽、文化作品が生み出されています。

벚꽃은 봄의 상징, 꽃의 대명사로서 와카, 하이쿠를 비롯한 문학 전반에서 매우 폭넓게 이용되어 왔고, 오늘날에도 많은 음악, 문학작품에 애용되고 있습니다.

咲いていて美しいのはもちろんですが、満開の期間がたいへん短く、すぐに散りはじめるところが「潔い」とされて、例えば武士の生き方の見本になったり、この世での繁栄のむなしさを表すもののように考えられてきました。

피어 있을 때 아름다운 모습은 물론, 꽃이 피어 있는 기간이 너무 짧아, 이내 져버리는 것이 「순결하다」는 의미로 다가와, 예를 들면 무사들의 삶의 표본이 되기도 하여, 이 세상에서의 영고성쇠를 나타내는 것처럼 생각되었습니다.

昭和時代初期から第２次大戦までの間は、この桜の散りぎわの潔さが軍国主義に利用されて、特攻隊の死が美化されたりしたのです。

쇼와 시대 초기부터 제2차 세계대전까지는, 벚꽃이 질 때의 순결한 모습이 군국주의에 이용되어, 특공대의 죽음이 미화되기도 하였습니다.

菊(국화)

日本を代表するもう一つの花は菊です。

일본을 대표하는 또 다른 꽃이 국화입니다.

菊は中国が原産ですが、８世紀ごろ日本に伝来した後、今や春の桜と同様に日本を代表する秋の花となっています。

국화는 중국이 원산지인데, 8세기경 일본에 전래된 뒤, 바야흐로 봄의 벚꽃과 마찬가지로 일본을 대표하는 가을의 꽃이 되었습니다.

香りがよく、気品の漂う菊は皇室の紋章ともなっており、また、死者や先祖を慰める墓参りにも菊は欠かせません。

향기가 좋고, 기품이 흐르는 국화는 황실의 상징 문양이 되었고, 또 죽은 사람이나 조상의 영혼을 달래기 위한 성묘에서도 빼놓을 수 없습니다.

菊は日本人の持つ繊細な美的意識の象徴と見做され、ルース・ベネディクトの日本研究の書『菊と刀』のタイトルともなっています。

국화는 일본인이 가진 섬세한 미적 의식의 상징으로 이해되어, 루스 베네딕트의 일본연구서 『국화와 칼』의 타이틀이 되기도 하였습니다.

5 国鳥(국조)

日本を代表する鳥は雉です。雉は日本固有の鳥で、古くから人々に親しまれており、1947年に国鳥に指定されました。

일본을 대표하는 새는 꿩입니다. 꿩은 일본 고유의 새로 옛날부터 사람들에게 사랑받았으며, 1947년에 국조로 지정되었습니다.

雉が国鳥として選ばれた理由(꿩이 국조로 지정된 이유)

① 留鳥で一年中姿を見ることができ、また人里近くに生息します。

텃새로 1년 내내 볼 수 있고, 또 민가 가까이에 서식하고 있습니다.

② 姿態優美、羽色鮮やかで、鳥に関心を持つ人が好きになれます。

자태가 우아하고, 날개의 색상이 선명하여, 새에 관심을 가진 사람들이 좋아할 수 있습니다.

③『古事記』・『日本書紀』といった古文献に、すでに雉の名で登場し、また桃太郎に登場する動物として子どもたちも知っています。

『고지키』・『니혼쇼키』 등의 고문헌에, 이미 꿩이란 이름으로 등장하고, 또 모모타로에 등장하는 동물로 아이들까지도 잘 알고 있습니다.

④ 雄の飛び立つ姿は力強く男性的、雌は「焼け野の雉子」のたとえにあるよ

うに非常に母性愛が強いです。

장끼가 날아오르는 파워풀한 모습은 남성적이고, 까투리는 「들판에 불이 나도 자신의 위험은 아랑곳하지 않고, 오로지 둥지 속의 자식을 구한다」는 비유에서처럼 모성애가 매우 강합니다.

「焼け野の雉子、夜の鶴」

까투리는 둥지가 있는 들판에 불이 나도 자신의 위험을 돌보지 않고 자식을 구하며, 학은 서리가 내리는 차가운 밤에 날개를 펼쳐서 자식을 덮어 따뜻하게 해준다.

「反哺之孝」

成長したカラスは、口移しで老いた親に餌を与えて幼時の恩を返します。

성장한 까마귀는 입으로 먹이를 옮겨서 늙은 부모님께 드리고 길러준 은혜에 보답합니다.

6 天皇(천황)

日本国憲法第一条は、「天皇は、日本国象徴であり、日本国民統合の象徴である」と規定されています。国家的な儀礼としての国事行為のみを行い、国政に関する機能は持たないというシンボルとしての存在となっています。

일본국헌법 제1조는, 「천황은 일본국의 상징이며, 일본 국민통합의 상징」으로 규정하고 있습니다. 국가적 의례로서의 국사행위만을 행하고, 국정에 관한 기능은 갖지 않는 상징적인 존재가 되어 있습니다.

この国事に関する行為とは、国会の指名に基づいて、内閣総理大臣を任命すること。内閣の指名に基づいて最高裁判所長官を任命すること。憲法改正、法律、政令および、条約を公布すること。国会を召集すること。衆議院を解散して総選挙の施行を公示すること。国務大臣の任免および、大・公使の信任状の認証を行うこと。栄典を授与すること。批准書および、その他の外交文書を認証すること。外国の大・公使を接受することなどに限定されています。

이 국사에 관한 행위란, 국회의 지명을 바탕으로, 내각총리대신을 임명하는 것. 내각의 지명을 근거로 대법원장을 임명하는 것. 헌법개정, 법률, 정령 및 조약을 공포하는 것. 국회를 소집하는 것. 국회(중의원)를 해산하고 총선거 시행을 공시하는 것. 국무대신의 임명 및 대・공사의 신임장의 인증을 행하는 것. 작위나 훈장을 수여하는 것. 비준서 및 그 외의 외교문서를 인증하는 것. 외국의 대・공사를 접수하는 것 등으로 한정되어 있습니다.

皇室(황실)

天皇を中心とした一族のことを皇室、または皇族といいます。皇室には名字がなく、天皇から与えられた「宮」という称号を用います。

천황을 중심으로 한 가족에 대한 것을 황실, 또는 황족이라고 합니다. 황실에는 성이 없고, 천황으로부터 하사받은 「미야」라는 호칭을 사용합니다.

日本国憲法の施行後は、戸籍法を適用されないこと、選挙権・被選挙権を持たないこと、養子をとることができないことなどを除いては、一般国民と同様の国法が適用されます。皇室に関する公の事務は、国務の一部として総理府の外局である宮内庁が司っています。

일본국헌법 시행 이후에는 호적법 적용을 받지 않는 것, 선거권・피선거권을 갖지 않는 것, 양자를 들일 수 없는 것 등을 제외하면, 일반국민들과 같은 국법이 적용됩니다. 황실에 관한 공적 사무는, 국무의 일부로 총리부 산하 독립관청인 궁내청이 담당하고 있습니다.

7 宗教(종교)

日本には欧米のキリスト教のような国教と言えるような宗教がなく、仏教・神道・キリスト教などが奇妙に併存しています。

일본에는 서구의 기독교와 같은 국교라고 할 수 있는 종교는 없고, 불교・신토・기독교 등이 기묘하게 공존하고 있습니다.

例えば、日常生活における行事では、深く仏教と係わっていながら、お正月には神社にお参りをし、結婚式は神式やキリスト教式で挙げ、クリスマスイブには全国の家庭でクリスマスケーキを食べるといった具合で、信仰というよりは生活習慣として、複数の宗教を巧みに使い分けています。

예를 들면, 일상생활 속의 행사는 불교와 깊은 관계가 있으며, 설날에는 진자에 참배하고, 결혼식은 신토식이나 기독교식으로 올리고, 크리스마스 이브에는 전국 가정에서 크리스마스 케이크를 먹는 등의 방식으로, 신앙이라기보다는 생활습관으로서, 복수의 종교를 적절하게 잘 구분해서 이용하고 있습니다.

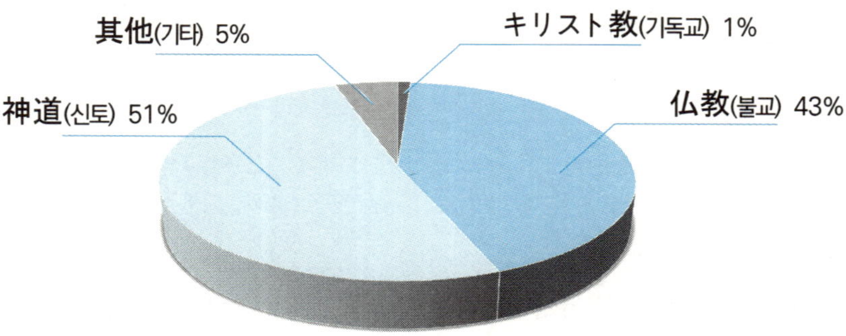

8 神道(신토)

神道は、日本人の暮らしの中から生まれた信仰です。遠い昔、日本人の祖先は、稲作をはじめとした農耕や漁撈などを通じて、自然との関わりの中で生活を営んできました。

신토는, 일본인들의 생활 속에 깃든 신앙입니다. 먼 옛날, 일본인들의 조상은, 벼농사를 비롯한 농경이나 어로 같은 자연과의 소통을 통해서 생활을 영위해 왔습니다.

人々は、そんな自然現象に神々の働きを感知しました。そして、清浄な山や岩、木や滝などの自然物を神宿るものとしてまつりました。

사람들은 그러한 자연현상에서 신들의 움직임을 감지하였습니다. 그리고 맑고 깨끗한 산이나 바위, 나무나 폭포 등의 자연물을 신이 머무는 장소로 이해하고 제사를 지냈습니다.

このように、各地で発生した神々への信仰は、大和朝廷による国土統一にともない、形を整えてゆきました。そして、6世紀に仏教が伝来した際、この日本固有の信仰は、仏教に対して神道という言葉で表されるようになりました。

이렇게 각 지역에서 생긴 신들에 대한 신앙은, 야마토 조정에 의한 국토통일과 함께 형태를 갖추어 갔습니다. 그리고 6세기에 불교가 전래되었을 때, 이 일본 고유의 신앙은, 불교에 대해 신토라는 말로 표현되게 되었습니다.

神道は、それを作り出した教祖もなく、仏教における経典やキリスト教の聖書にあたる教典もなく、組織化された教団もありません。そのため、神道は宗教ではないとさえ言われています。

신토는, 그것을 만들어낸 교조도 없고, 불교의 경전이나 기독교의 성경과 같은 교전도 없으며, 조직화된 교단도 없습니다. 그 때문에 신토는 종교가 아니라는 말까지 듣고 있습니다.

神社(진자)

神社とは、神道の神さまが祀られている場所です。日本には、8万以上の神社があります。

진자란 신토의 신들을 모시는 장소입니다. 일본에는 8만 곳 이상의 진자가 있습니다.

神社は一般的に、入口に「鳥居」があり、鳥居の先にある「参道」の脇には手と口を清める「手水舎」、その先には神様が祀られている「拝殿」、という造りになっています。

진자는 일반적으로 입구에 「도리이」가 있고, 도리이 끝에 있는 「참배길」 옆으로는 손과 입을 청결하게 하는 「초즈야」, 그 끝에는 신을 모신 「하이덴」이라는 구조로 구성되어 있습니다.

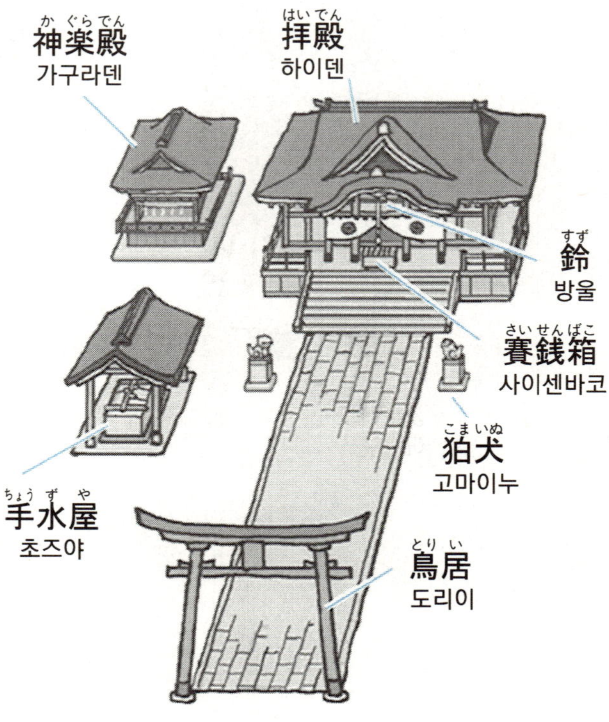

神主と巫女(간누시와 미코)

神主は、神社に仕えて歳事や社務、祈祷などを行う役職です。神道にはキリスト教や仏教のように明確な教義が存在しないため、参拝者に対する説教は行いません。また、神主の補助をし、神事の際に神楽や舞を奉仕する巫女も存在します。

간누시는 진자에 종사하며 연중행사나 진자의 사무나 기도 등을 담당하는 것이 임무입니다. 신토에는 기독교나 불교처럼 명확한 교리가 없기 때문에 참배자에 대한 설교는 하지 않습니다. 또 간누시를 보조하고, 제사 때는 가구라나 춤으로 봉사하는 미코도 있습니다.

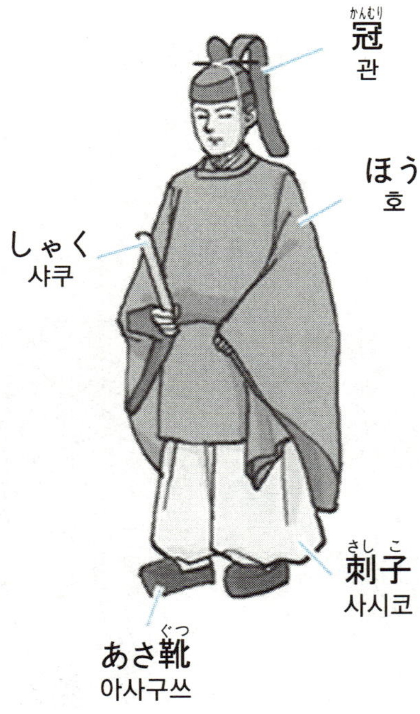

〈神主(간누시)〉

〈巫女(미코)〉

お参りの仕方(참배방법)

① 神社に着いたらまず、鳥居の前で一礼します。

진자에 도착하면 먼저 도리이 앞에서 절을 한 번 합니다.

② 神社の入口にある「手水舎」で、手を洗って清めます。

진자 입구에 있는 「초즈야」에서, 손을 씻고 깨끗이 합니다.

③ 拝殿の前に進み、賽銭箱にお賽銭を投げ入れます。

하이덴 앞으로 나아가 사이센바코에 시줏돈을 넣습니다.

④ 拝殿の天井から下がっている大きな鈴を、紐をゆすって鳴らします。

하이덴 천장에 매달려 있는 큰 방울의 끈을 흔들어 소리를 냅니다.

⑤ 二礼二拍手一礼(=二拝二拍手一拝)。

합장한 뒤 두 번 허리를 숙이며 절하고, 두 번 손뼉을 친 뒤 다시 합장한 뒤 절을 한 번 합니다.

おみくじ・お守り(제비뽑기・부적)

神社やお寺では、吉凶を占う「おみくじ」を引いたり、「お守り」や「破魔矢」を買って持ち帰ります。

진자나 절에서는, 길흉을 점치는 제비를 뽑거나, 부적이나 하마야를 사서 돌아옵니다.

① おみくじ(제비뽑기)

おみくじは、紙に書かれた、吉凶を占うくじです。

제비뽑기는 종이에 쓰인 길흉을 점치는 것입니다.

おみくじの結果が「凶」など望ましくなかったら、細長く折りたたんで、境内の木の枝に結んだりします。木に結ぶと、凶が吉になると言われています。

제비뽑기한 결과가 「흉」같이 바람직하지 않은 것이 나오면 가늘고 길게 접어서 경내의 나뭇가지에 매달기도 합니다. 나무에 매달면 흉이 길로 바뀐다고 합니다.

② お守り(부적)

お守りとは、持っている人に幸運や良縁をもたらし、邪気をはらうためのカードです。

부적이란 가지고 있는 사람에게 행운이나 좋은 인연을 가져오고, 나쁜 기운을 물리치기 위한 카드입니다.

③ 絵馬(에마)

お絵馬とは、受験合格や良縁などを願って、願いごとと名前を書いて奉納する木の板です。

에마란 시험합격이나 좋은 인연 같은 것을 바라고, 바라는 내용과 이름을 써서 봉납하는 나뭇조각입니다.

④ 破魔矢(하마야)

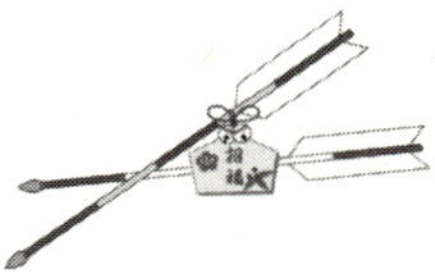

お破魔矢とは、矢の形をした、お正月の縁起物です。悪い物を射してくれるといわれています。

하마야란 화살 모양을 한, 설날의 기연물입니다. 나쁜 것을 쏘아 물리치는 것으로 전해지고 있습니다.

※ 自宅に戻ったら、破魔矢を神棚に供えます。お守りはいつも持ち歩いたり、車の中に付けたりします。

자택으로 돌아오면, 하마야를 가미다나에 바칩니다. 부적은 항상 지니고 다니거나 차 안에 매달아둡니다.

9 仏教(불교)

『日本書紀』によると、日本に仏教が伝来されたのは飛鳥時代、552年(欽明天皇13)に百済の聖王(聖明王)により仏像と『経典』が献上された時だとされています。

『니혼쇼키』에 의하면, 일본에 불교가 전래된 것은 아스카 시대인 552년에 백제의 성왕(성명왕)에 의해 불상과 『경전』이 헌상되었을 때라고 되어 있습니다.

韓国の史書『三国史記』には「百済の聖明王は日本天皇に仏像と経典を下賜していた」と書いてあります。

한국의 사서 『삼국사기』에는 「백제의 성명왕은 일본 천황에게 불상과 경전을 하사하였다」고 기록되어 있습니다.

その後、しばらく仏教を受け入れるかどうかの争いがありました。結局、百済と仲良くし仏教を受け入れようとする蘇我氏側が勝ち、最初の寺である飛鳥寺を作ることになりました。そこで百済から、僧侶や寺院を建てる技術者に来ました。

그 뒤, 잠깐 동안 불교의 도입문제로 다툼이 있었습니다. 결국 백제와 사이가 좋아서 불교를 도입하려고 한 소가씨 쪽이 승리하고, 최초의 절인 아스카사를 짓게 되었습니다. 그래서 백제에서 승려나 사원을 건축하는 기술자가 건너오게 되었습니다.

593年には飛鳥寺の塔に仏舎利を安置する儀式が行われ、蘇我馬子ら、日本の中心となる人たちは全員、百済風の衣服に身をつつんで参列しました。

593년에는 아스카사 탑에 불교 사리를 안치하는 의식이 거행되고, 소가 우마코 등, 일본의 중심인물들은 전원 백제풍 의복을 입고 참가하였습니다.

飛鳥寺に続いて、聖徳太子が奈良の斑鳩に法隆寺を、大阪の難波に四天王寺を作り、渡来人の秦河勝は京都の太秦に広隆寺を作りました。広隆寺の木造弥勒菩薩半跏思惟像は現在、日本の国宝第１号に指定されています。これは韓国にしかない木材を彫刻した仏像です。

아스카사에 이어서, 쇼토쿠 태자가 나라의 이카루가에 호류지를, 오사카 나니와에 시텐노지를 짓고, 도래인인 하타노 가와카쓰는 교토의 우즈마사에 고류지를 지었습니다. 고류지의 목조미륵보살반가사유상은 현재, 일본 국보 제1호로 지정되어 있습니다. 이것은 한국에만 있는 목재로 조각한 불상입니다.

일본 국보 제1호
목조미륵보살반가사유상
(木造弥勒菩薩半跏思惟像)

한국 국보 제83호
금동미륵보살반가사유상
(金銅彌勒菩薩半跏思惟像)

以後仏教は国家仏教として、神道を支配する立場になりました。平安時代に入り天台宗・真言宗が起こり、鎌倉時代になると浄土宗・浄土真宗・日蓮宗・禅宗など新仏教が誕生し、一般庶民の間に広まっていきました。そして、江戸時代には徳川幕府により寺院の統制が進み、仏教は檀家制度のもとで家の葬儀や供養を含む先祖崇拝に、重点を置くようになります。

이후 불교는 국가불교로서 신토를 지배하는 입장이 되었습니다. 헤이안 시대에 들어와 천태종・진언종이 생기고, 가마쿠라 시대가 되어 정토종・정토신종・일련종・선종 등의 새로운 불교종파가 생기고, 일반 서민들 사이로 확대되어 갔습니다. 그리고 에도 시대에는 도쿠가와 막부에 의해 사원의 통제가 이루어지고, 불교는 단가제도(어떤 절에 속하여 시주를 하며 절의 재정을 돕는 제도) 아래서 집안의 장례나 공양을 포함한 조상숭배에 중점을 두게 되었습니다.

現在日本には、約8470万人が仏教信者で、約7万5000の寺院、30万体以上の仏像が存在します。

현재 일본에는 약 8,470만 명의 불교 신자가 있고, 약 7만 5천 곳의 사원, 30만 개 이상의 불상이 존재합니다.

お寺(절)

お寺にある建造物は、仏像など礼拝の対象を祀る「伽藍」と、お坊さんたちが居住する「僧房」とに分かれています。

절에 있는 건조물은, 불상 같은 예배의 대상을 모시는 「가람」과 스님들이 거주하는 「승방」 등으로 나누어집니다.

最初はお坊さんが仏教修行を行う場所だったのですが、開祖である仏陀が徐々に神格化されていくうちに、仏塔や仏像、それを収める仏殿などが誕生し、現在のような姿になったと言われています。

처음에는 스님들이 불교 수행하는 장소였습니다만, 불교를 개종한 부처님이 서서히 신격화되면서 불탑이나 불상, 그것을 모시는 불전 등이 생기고, 오늘날과 같은 모습이 되었다고 합니다.

お寺は一般的に、入口に「山門」があり、仏陀そのものを表していた「塔」と本尊の仏像を安置する「金堂」などを内部に置く造りになっています。

절은 일반적으로 입구에 「산문」이 있고, 부처님 그 자체를 상징하던 「탑」과 본존의 불상을 안치하는 「금당」 등을 내부에 두는 구조로 되어 있습니다.

① 金堂は、仏像などが安置されているお寺の中心となる建物です。

금당은 불상 등이 안치되어 있는 절의 중심이 되는 건물입니다.

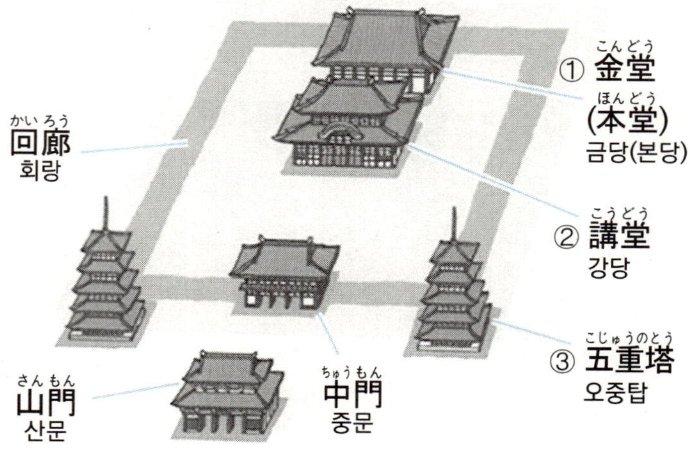

② 講堂は、仏教を勉強するための場所です。

강당은 불교를 공부하기 위한 장소입니다.

③ 五重塔は、仏陀の遺物などを納めるために建てられました。

오중탑은, 부처님의 유물 같은 것을 모시기 위해 세워졌습니다.

お坊さん(스님)

お坊さんは、お寺でお経を唱えることや説教を基本的な仕事としています。その他にも、葬儀の場でお経をあげたり、寺院や墓地の管理なども行っています。

스님은 절에서 불경을 외우거나 설교를 기본적인 업무로 하고 있습니다. 그 외에도 장례식장에서 독경을 하거나, 사원이나 묘지 관리 등을 하고 있습니다.

僧侶(승려)

尼さん(여승)

お寺の参拝(절의 참배)

① 山門(산문)

お寺の入口は山門です。山門の前で礼をします。

절의 입구는 산문입니다. 산문 앞에서 절을 합니다.

② 手水屋(데미즈야)

神社の参拝と同じように、手水屋で身を清めます。

진자 참배 때와 마찬가지로 데미즈야에서 몸을 깨끗이 합니다.

③ 鐘(종)

鐘をつくことができる場合は、参拝の前につきましょう。

종을 칠 수 있는 경우엔 참배 전에 칩시다.

④ お線香(분향)

お線香が用意されている場合は、火をつけて、献香しましょう。

향이 준비되어 있는 경우에는, 불을 붙여 향을 피워서 바칩시다.

⑤ 本堂(본당)

お賽銭を入れて、一礼します。手を合わせて祈り、再度礼をします。拍手はしません。

사줏돈을 넣고 절을 한번 합니다. 손을 모아서 기도하고 다시 한 번 절을 합니다. 박수는 치지 않습니다.

10 キリスト教(기독교)

日本にキリスト教が伝わったのは1549年です。

일본에 기독교가 전해진 것은 1549년입니다.

カトリック教会の宣教師フランシスコ・ザビエルが鹿児島に渡来して、初めは寺院の境内で布教を始めました。

가톨릭교회 선교사인 프란치스코 자비에르가 가고시마로 와서, 처음에는 사원의 경내에서 포교를 시작하였습니다.

九州や中国地方の大名の中に、キリスト教を信仰する者が出てきて、信者の数も急速に増えました。

규슈나 주고쿠 지방의 다이묘 중에 기독교를 신앙하는 자가 나오고, 신자 수도 급속히 증가하였습니다.

豊臣秀吉は、1587年に宣教師たちの追放を命じました。秀吉に始まった禁教政策は徳川幕府によって強化され、1622年には、国外追放に従わず潜伏していた宣教師と信者らが処刑されました。

도요토미 히데요시는 1587년에 선교사들의 추방을 명령하였습니다. 히데요시에 의해 시작된 기독교 금지 정책은 도쿠가와 막부에 의해 강화되고, 1622년에는 국외추방령을 따르지 않고 숨어 있던 선교사와 신자들이 처형당하였습니다.

聖フランシスコ・ザビエル像
(성프란치스코 자비에르상)

1637年10月下旬から翌年2月下旬にかけて、九州の島原・天草のキリシタン農民が主体となり、キリシタン信仰の復活、租税の重圧からの解放を意図した「島原・天草一揆」が勃発しました。88日間の戦いの末、女性や子どもまでもが皆殺しになりました。

1637년 10월 하순부터 다음해 2월 하순에 걸쳐서 규슈 시마바라・아마쿠사의 기독교 농민들이 주체가 되어, 기독교 신앙 부활, 조세 중압에서 벗어날 목적으로 「시마바라・아마쿠사 반란」이 일어났습니다. 88일간의 싸움 끝에 여성이나 아이들까지도 모두 살해당하였습니다.

島原・天草一揆の後、絵踏みなど厳しくキリシタン取り締まりが行われました。

시마바라・아마쿠사 반란 이후, 에부미 등을 이용해서 무자비하게 기독교인들의 탄압이 자행되었습니다.

当時のキリシタンやその子孫は、表向きは仏教徒を装いながら、潜伏キリシタンとして信仰を継続しました。

당시 기독교인들이나 그 자손들은 겉으로는 불교도인 것처럼 위장하면서 잠복 기독교인으로서 신앙생활을 계속하였습니다.

明治時代には、キリスト教の布教許可をしました。完全ではなかったものの宗教の自由が法的にも保障されました。

메이지 정부는 기독교의 포교를 허용하였습니다. 완전하지는 않았지만, 종교의 자유가 법적으로 보장되게 되었습니다.

絵踏(えぶ)み(에부미)

キリシタンでないことを証明(しょうめい)するため、踏絵(ふみえ)を作(つく)りました。

기독교인이 아니라는 것을 증명하기 위해 후미에를 만들었습니다.

踏絵(ふみえ)を踏(ふ)ませる絵踏(えぶ)みをさせます。

후미에를 밟는 에부미를 시켰습니다.

후미에

에부미

11 エスニックジョーク(에스닉 조크)

エスニックジョークとは、ある民俗もしくはある国の国民が一般的に持っていると思われている典型的な性格や行動様式などを端的に表現したり、揶揄するようなエピソードを紹介することです。

에스닉 조크란, 어떤 민족이나 어느 나라 국민들이 일반적으로 가지고 있는 전형적인 성격이나 행동양식 등을 단적으로 표현하거나 야유하는 느낌을 에피소드로 소개하는 것입니다.

豪華客船の沈没(호화여객선의 침몰)

さまざまな国の人が乗った豪華客船が沈没しそうになりました。それぞれの乗客を海に飛び込ませるには、どのように声をかければいいですか。

여러 나라 사람들이 탄 호화여객선이 침몰 직전으로 내몰리게 되었습니다. 각국의 승객들을 바다에 뛰어들게 하기 위해 어떻게 말하면 될까요?

アメリカ人：「今飛び込めばあなたは英雄ですよ。」

미국인 : 「지금 뛰어들면 당신은 영웅이에요.」

ロシア人：「海に落ちたウォッカの瓶はあなたのものです。」

러시아인 : 「바다에 떨어지면 보드카 병은 당신 것입니다.」

イタリア人：「美女たちも泳いでいますよ。」

이탈리아인 : 「미녀들도 헤엄치고 있어요.」

フランス人：「決して海には飛び込まないでください。」

프랑스인 : 「제발 바다에는 뛰어들지 마세요.」

イギリス人：「あなたは紳士です。」

영국인 : 「당신은 신사입니다.」

スコットランド人：「スコットランドがイギリスに勝利しました。」

스코틀랜드인 : 「스코틀랜드가 영국을 이겼습니다.」

ドイツ人：「規則ですから飛び込んでください。」

독일인 : 「규칙이니까 뛰어드세요.」

中国人：「金塊が沈んでいるそうですよ。」

중국인 : 「금괴가 잠겨 있다고 해요.」

日本人：「みなさん飛び込んでいますよ。」

일본인 : 「모두가 뛰어들고 있어요.」

韓国人：「日本人はもう飛び込んでいますよ。」

한국인 : 「일본인들은 벌써 뛰어들었어요.」

幸福な男と不幸な男(행복한 남자와 불행한 남자)

世界で最も幸福な男は、アメリカの家に住み、イギリスの服を着て、中国の料理を食べ、日本の女を妻にした男です。

세계에서 가장 행복한 남자는, 미국식 집에 살며, 영국제 옷을 입고, 중국 요리를 먹으며, 일본 여자를 아내로 맞이한 남자입니다.

世界一不幸な男は、アメリカ人の妻を持ち、日本の家に住み、中国人の給料をもらい、イギリスの料理を食べる男です。

세계에서 가장 불행한 남자는, 미국인 아내를 맞아, 일본식 집에 살며, 중국인의 월급을 받으면서, 영국 요리를 먹는 남자입니다.

国家別の国民性(국가별 국민성)

日本人(일본인)	礼儀正しい。(예의 바르다.)
韓国人(한국인)	激情的だ。(격정적이다.)
中国人(중국인)	商売がうまい。(장사수완이 좋다.)
アメリカ人(미국인)	名誉を重んじる。(명예를 존중한다.)
フランス人(프랑스인)	神経質な芸術家だ。(신경질적인 예술가다.)
ロシア人(러시아인)	陰謀家だ。(음모가이다.)
インド人(인도인)	自己主張が強い。(자기주장이 강하다.)
ドイツ人(독일인)	哲学的だ。(철학적이다.)

12 国民性(국민성)

日本の国民性の特徴として多くの人が指摘しているもののうち、共通性のあるものをいくつか取り上げてみます。

일본 국민성의 특징으로 많은 사람들이 지적하고 있는 것 중 공통적인 것을 몇 가지 들어보겠습니다.

日本人が何人か集まると、たとえば年齢とか社会的地位など何らかの基準によりお互いの序列が意識され、それにより行動様式も影響を受けます。また日本語は敬語が非常に発達していますが、これらは日本人が上下関係を重視することによるものです。

일본인이 몇 사람 모이면, 예를 들어 연령이든가 사회적 지위 등 뭔가의 기준에 의해 서로 서열이 의식되고, 그것에 의해 행동양식도 영향을 받습니다. 또 일본어는 경어가 매우 발달했는데, 이것은 일본인들이 상하관계를 중시하기 때문입니다.

日本人は一般に自分の立場とかけはなれた行動をとることを好みません。したがって自分の行動を決めるに当たって、自分がどう行動するか、あるいは他人からどう思われるかなどについて気にしたり、それに影響されたりすることが多いです。

일본인들은 일반적으로 자신의 입장과 동떨어지게 행동하는 것을 좋아하지 않습니다. 따라서 자신의 행동을 결정함에 있어서, 자신이 어떤 행동을 할지, 혹은 남들이 어떻게 생각할지 등에 관해서 신경을 쓰거나 그것에 영향을 받는 경우가 많습니다.

欧米人は自分の意思や意見を直接相手にぶつけて強く自己主張するのに対し、日本人は相手の気持ちや立場を察して、それも考慮に入れて発言したり行動したりする傾向が強いです。また相手に対してもこれと同様の行動を期待します。さらに日本人には、諾否をはっきり表明しない傾向がありますが、これらは日本人が単一同質民族であり、摩擦を避けようとする伝統からきています。

서양인들은 자신의 의사나 의견을 상대방에게 직접 부딪혀 강하게 자기주장을 펼치는 데 비하여, 일본인들은 상대방의 기분이나 입장을 살피고, 그것까지도 고려해서 발언하거나 행동하는 경향이 강합니다. 또 상대방에 대해서도 이와 같은 행동을 기대합니다. 더구나 일본인들은 승낙여부를 확실히 표명하지 않는 경향이 있는데, 이것은 일본인이 단일동질민족으로, 마찰을 피하려는 전통에서 온 것입니다.

日本人は、人間と自然との調和を尊重します。建築や庭園の様式でも、自然をそのまま生かして素材としていこうと努めます。人間と自然との関係について、アメリカ女流社会学者フローレンス・クラックホーンは、「アメリカ人やロシア人は自然は人間により征服されるべきものと考え、メキシコの農民は人間は自然に屈伏すべきものと考えるのに対し、日本人は人間は自然と調和を保つべきものと考えている」と論じています。

일본인들은 인간과 자연의 조화를 존중합니다. 건축이나 정원의 양식에서도 자연을 그대로 살려서 소재로 삼으려고 노력합니다. 인간과 자연의 관계에 관해서, 미국 여류작가 플로렌스 클럭혼은, 「미국인이나 러시아인은 자연은 인간에 의해 정복되어야 할 대상으로 생각하고, 멕시코의 농민은 인간은 자연에 굴복해야 하는 것으로 생각하는 것에 비해, 일본인들은 인간은 자연과 조화를 이루며 살아가야 한다고 생각하고 있다」고 주장하고 있습니다.

「日本人」のイメージ(일본인의 이미지)

韓国人や米国人、中国人など外国人に聞いたところ「勤勉だ」(55.9%)と「礼儀正しい」(55.4%)と答えた人が多いことがわかりました。

한국인이나 미국인, 중국인 등 외국인에게 물어보았더니 「근면하다」거나 「예의바르다」고 대답한 사람이 많은 것을 알 수 있었습니다.

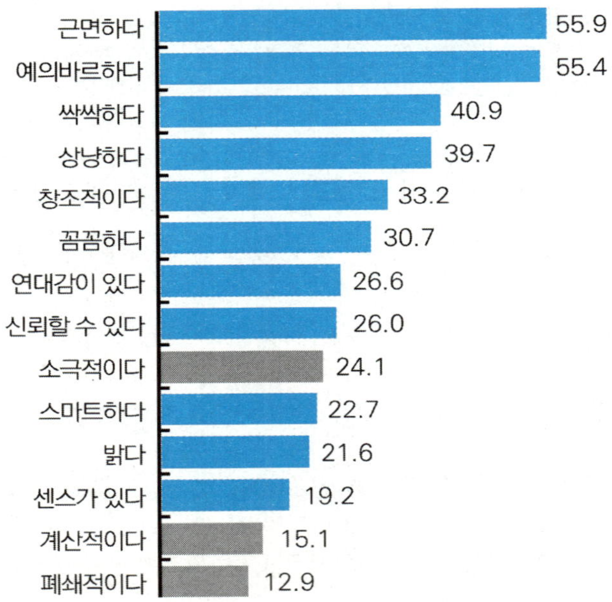

III 年中行事・祭り
연중행사· 축제

1 祝日 (공휴일)

基本は第２次世界大戦後の1948年7月20日に公布、施行された「国民の祝日に関する法律」です。現在、日本の祝日は16日あります。

일본 공휴일의 기본은 2차 세계대전 후인 1948년 7월 20일에 공포, 시행된 「국민의 공휴일에 관한 법률」입니다. 현재, 일본 공휴일은 16일입니다.

元日 설날 1월 1일	成人の日 성인의 날 1월 제2 월요일	建国記念の日 건국기념일 2월 11일	春分の日 춘분 3월 21일경
昭和の日 쇼와의 날 4월 29일	憲法記念日 헌법기념일 5월 3일	緑の日 녹색의 날 5월 4일	子どもの日 어린이날 5월 5일
海の日 바다의 날 7월 제3 월요일	山の日 산의 날 8월 11일	敬老の日 경로의 날 9월 제3 월요일	秋分の日 추분 9월 23일경
体育の日 체육의 날 10월 제2 월요일	文化の日 문화의 날 11월 3일	勤労感謝の日 근로감사의 날 11월 23일	天皇誕生日 천황생일 12월 23일

元日(설날: 1月 1日)

年の初めを祝う、大切な日です。朝のあいさつもいつもの「おはようございます」とは違って、「明けましておめでとうございます」と変わります。この日に神社へお参りすることを、「初詣で」といいます。

한 해의 시작을 축하하는 소중한 날입니다. 아침인사도 평소의 「おはようございます」와는 달리 「明けましておめでとうございます」로 바뀝니다. 이날 진자에 참배하는 것을 「하쓰모데」라고 합니다.

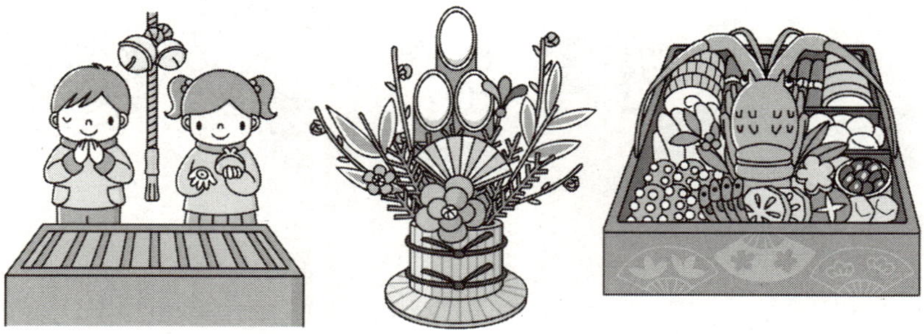

成人の日(성인의 날: 1月の 第2 月曜日)

大人になったことを自覚し、みずから生き抜こうとする二十歳になる人をお祝いする日なのです。二十歳になったら、それまで禁止されていたお酒やたばこも許されます。また、選挙で投票することもできます。

어른이 되었다는 사실을 자각하고, 스스로 꿋꿋하게 살아가려고 노력하는 20살이 되는 사람들을 축하하는 날입니다. 20살이 되면 지금까지 금지되었던 술이나 담배도 허용됩니다. 또 선거에서 투표도 할 수 있습니다.

建国記念の日(건국기념일: 2月 11日)

建国をしのび、国愛する心を養う日です。2月11日は、初代の天皇である神武天皇が大和の橿原の地で即位されたと知られています。

건국을 기리며, 애국심을 기르는 날입니다. 2월 11일은 초대 천왕인 진무 천황이 야마토의 가시하라라는 곳에서 즉위한 것으로 알려져 있습니다.

春分の日(춘분: 3月 21日ごろ)

昼と夜の長さが同じになる3月20日か21日ごろです。春分の日の前の三日間とその後の三日間の合計七日間を「彼岸」といい、お墓参りをします。

낮과 밤의 길이가 같아지는 3월 20일이나 21일경입니다. 춘분 전의 3일간과 이후의 3일, 합하여 7일간을 「피안」이라고 하며, 성묘를 합니다.

昭和の日(쇼와의 날: 4月 29日)

昭和の時代にあった出来事を忘れないように、決められた祝日です。昭和20年までは戦争がありました。たくさんの人が亡くなり、原子爆弾が広島と長崎に落とされました。その戦争が終わってからは日本も平和になり、どんどん発展してきました。人々の生活も豊かになり、新幹線、自動車、テレビといった身近なものが次々と生まれました。昭和時代の大きな出来事の一つに昭和39年に開催された東京オリンピックです。このオリンピックは戦争に敗れた日本の成長ぶりを世界に示すものでした。

쇼와 시대에 있었던 일들을 잊지 않기 위해서, 정해진 공휴일입니다. 1945년까지는 전쟁이 있었습니다. 많은 사람들이 죽고, 히로시마와 나가사키에 원자폭탄이 떨어졌습니다. 그 전쟁이 끝난 후에는, 일본에도 평화가 찾아오고 발전을 거듭해 왔습니다. 사람들의 생활도 풍요로워지고, 신칸센, 자동차, 텔레비전과 같은 일상생활에 필요한 것들이 계속해서 만들어졌습니다. 쇼와 시대의 큰 행사 중 하나가 1964년에 개최된 도쿄올림픽입니다. 이 올림픽은 전쟁에서 패한 일본의 성장한 모습을 세계에 과시한 것입니다.

憲法記念日(헌법기념일: 5月 3日)

日本国憲法が1947年5月3日に施行されたことを記念として作られました。日本の憲法で世界にも有名なのが、第9条の「戦争の放棄」です。昔あった戦争で多くの人が亡くなりました。そのため、世界の平和と日本の平和を願って作られたものです。

일본국 헌법이 1947년 5월 3일에 시행된 것을 기념해서 만들어졌습니다. 일본 헌법 중에서 세계적으로 유명한 것이, 제9조인 「전쟁 포기」입니다. 옛날에 있었던 전쟁에서 많은 사람들이 죽었습니다. 그 때문에 세계의 평화와 일본의 평화를 염원해서 만들어진 것입니다.

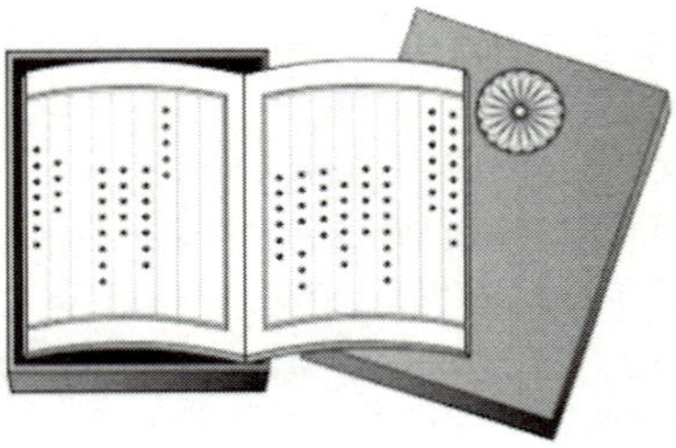
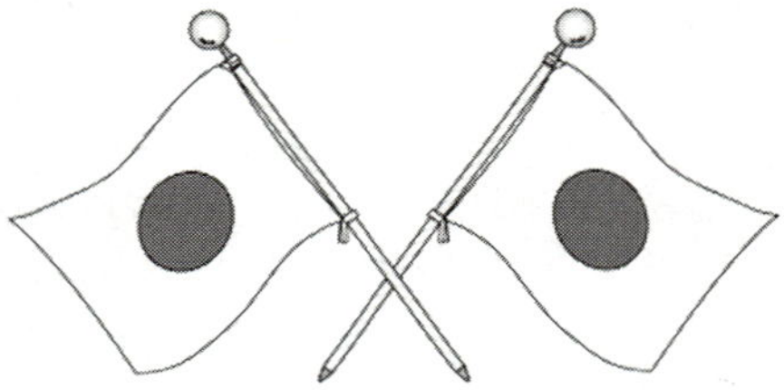

緑の日(녹색의 날: 5月 4日)

森や川、海など、自然の恵みに感謝する日です。

숲이나 강, 바다 등, 자연의 은혜에 감사하는 날입니다.

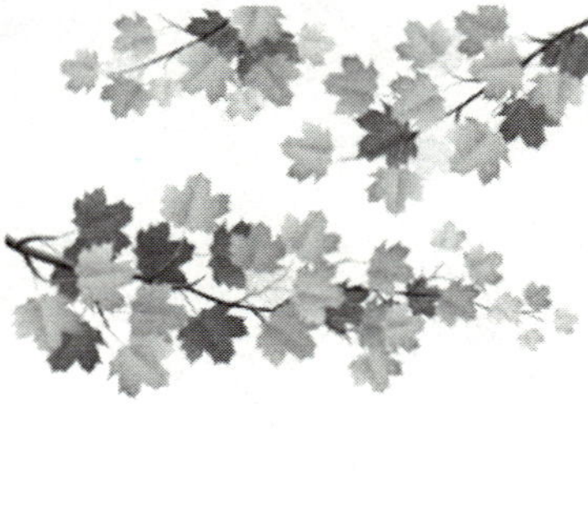

子どもの日(어린이날: 5月 5日)

子どもの権利を尊重し、成長を祝うことなどを目的にした記念日です。この日は、昔から「端午の節句」と呼ばれ、男の子の成長を願う日でした。よろいやかぶと、武者人形を飾る家もあります。このよろいやかぶとは「男の子の体を守る」という意味があります。また、この頃、こいのぼりもよく見かけます。このこいのぼりも、男の子の出世を願って飾られているものです。

아이들의 권리를 존중하고, 성장을 축하할 목적으로 만들어진 기념일입니다. 이날은 예로부터 「단오절」이라 하여, 남자 아이들의 건강한 성장을 기원하는 날이었습니다. 갑옷이나 투구, 무사인형을 장식하는 집도 있습니다. 이 갑옷이나 투구에는 「남자아이들의 몸을 지킨다」는 의미가 담겨 있습니다. 또 이 시기에는 고이노보리도 흔히 볼 수 있습니다. 이 고이노보리는 남자아이들의 출세를 염원해서 만들어지는 것입니다.

海の日(바다의 날: 7月の 第3 月曜日)

海の恵みに感謝する日です。海に囲まれた島国の日本にとって、海はとても大切なものです。

바다의 은혜로움에 감사하는 날입니다. 바다로 둘러싸인 섬나라 일본에 있어 바다는 매우 소중한 것입니다.

山の日(산의 날: 8月 11日)

山に親しむ機会を得て、山の恵みに感謝する日です。日本は「山の文化」と「海の文化」の融合によって形成されているため"美しい自然を次世代につないでいけるように"との目的が込められているのです。

산과 친해질 기회를 얻고, 산의 은혜로움에 감사하는 날입니다. 일본은 「산의 문화」와 「바다의 문화」의 융합에 의해 형성되었기 때문에 "아름다운 자연을 다음 세대에 물려줄 수 있도록"이란 목적이 숨어 있는 것입니다.

敬老の日(경로의 날: 9月の 第3 月曜日)

お年寄の健康と幸せを祝う日です。もちろん、長寿のお祝いに限らず、年に一回の敬老の日に感謝の気持ちをこめてお祝いすることは望ましいことです。手作りプレゼントや言葉のプレゼントでもいいのです。

연세 드신 분들의 건강과 행복을 축하하는 날입니다. 물론 장수의 축하에 국한되지 않고, 1년에 한 번 경로의 날에 감사의 마음을 담아 축하하는 것은 바람직한 일입니다. 직접 만든 선물이나 인사말이라도 상관없습니다.

秋分の日(추분: 9月 23日ごろ)

昼と夜の長さが同じになる9月23日か24日ごろです。春分の日と同じようにお墓参りをします。

낮과 밤의 길이가 같아지는 9월 23일이나 24일쯤입니다. 춘분과 마찬가지로 성묘를 합니다.

体育の日(체육의 날: 10月の 第2 月曜日)

体育の日はスポーツに親しみ、健康な心身を培う日です。日本各地でスポーツに関する行事も多く行われます。もともとは10月10日が体育の日でした。この日は1964年の東京オリンピックの開会式が行われた日です。ハッピマンデー法案により、2000年より10月の第2月曜日に変更されました。

체육의 날은 스포츠와 친해지고 건강한 심신을 기르는 날입니다. 일본 각지에서 스포츠에 관한 행사도 많이 열립니다. 원래는 10월 10일이 체육의 날이었습니다. 이날은 1964년 도쿄올림픽의 개회식이 거행된 날입니다. 그런데 해피 먼데이 법안에 의해 2000년부터 10월 두 번째 월요일로 변경되었습니다.

文化の日(문화의 날: 11月 3日)

11月3日は、明治天皇の誕生日を祝う祝日でした。しかし第2次世界大戦で日本が敗戦すると、日本を占領した連合国軍総司令部(GHQ)から廃止の指示を受けました。そこで、日本政府は憲法の公布日を意図的に11月3日にして、この日を憲法記念日にしようとしました。しかし、それに対しGHQが反対した結果、「自由と平和を愛し、文化の形成をすすめる」という意味を込めて、「文化の日」となったのです。

11월 3일은 메이지 천황의 생일을 축하하는 공휴일이었습니다. 그러나 2차 세계대전에서 일본이 패하자, 일본을 점령한 GHQ로부터 폐지 지시를 받았습니다. 그래서 일본정부는 헌법 공포일을 11월 3일로 해서, 의도적으로 이날을 헌법기념일로 하려고 했습니다. 그러나 그것에 대해서 GHQ가 반대하자 「자유와 평화를 사랑하고, 문화의 형성을 권장한다」는 의미를 담은 「문화의 날」이 된 것입니다.

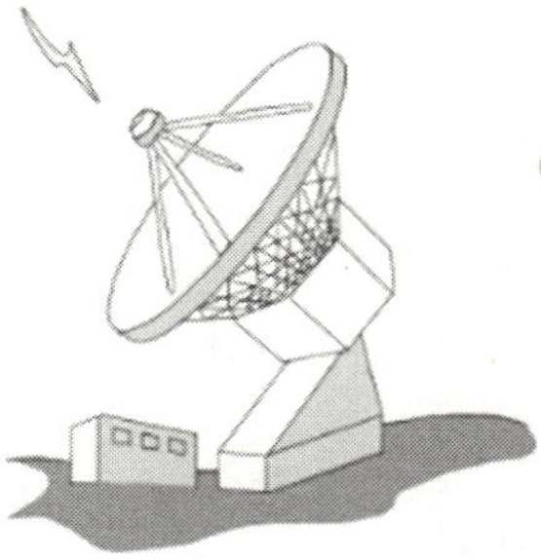

勤労感謝の日(근로감사의 날: 11月 23日)

勤労を尊び、生産の豊かなことを祝い、感謝する日です。日本では、古くから神々に五穀の収穫を祝う習わしがありました。1873年から終戦までも、11月23日は「新嘗祭」という祝日で、その年の収穫に感謝し、天皇がその年の新穀を神殿に供える日でした。

근로를 존중하고, 생산의 풍요로움을 축하하고 감사하는 날입니다. 일본에서는 옛날부터 신들에게 오곡의 수확을 감사하는 풍습이 있었습니다. 1873년부터 2차 세계대전이 끝날 때까지도 11월 23일은 「니이나메사이」라는 국경일로, 그해의 수확에 감사하고 천황이 그해의 햇곡식을 신전에 바치는 날이었습니다.

天皇誕生日(천황생일: 12月 23日)

今の天皇のお誕生日をお祝いする日です。毎年この日には、天皇のお住まいである「皇居」に、多くの人がお祝いにやってきます。

현 천황의 생일을 축하하는 날입니다. 매년 이날에는 천황이 거주하는 「고쿄」에 많은 사람들이 축하하러 옵니다.

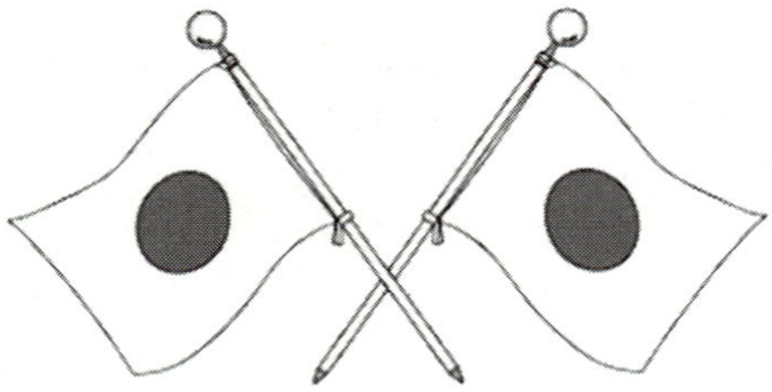

振替休日(대체휴일)

振替休日とは休日が他の休日(日曜日、他の祝日など)と重なった場合、「祝日直後の平日」を休日にして休日が減らないようにする制度です。

대체휴일이란, 휴일이 다른 휴일(일요일, 다른 공휴일 등)과 겹쳤을 경우, 「공휴일 직후의 평일」을 휴일로 해서, 휴일이 줄어들지 않도록 하는 제도입니다.

2 年中行事(연중행사)

日本の年中行事はたいてい韓国や中国から来ましたが、季節の変化の中で、特定の行事が秩序正しく毎年くりかえし行われます。

일본의 연중행사는 대개 한국이나 중국에서 전해진 것이지만, 계절의 변화 속에서, 특정한 행사가 질서정연하게 매년 되풀이되면서 거행되고 있습니다.

월별 연중행사

1월	1일	元日(설날)
	2~3일	初詣(하쓰모데)
	7일	七草がゆ(일곱 가지 곡식으로 쑨 죽)
	제2 월요일	成人の日(성인의 날)
2월	3일	節分・豆まき(세쓰분・콩 뿌리기)
	3일이나 4일	立春(입춘)
	상순	さっぽろ雪祭り(삿포로 눈 축제)
	11일	建国記念日(건국기념일)
	14일	バレンタインデー(밸런타인데이)
3월	3일	ひなまつり・桃の節句(히나마쓰리・삼짇날)
	14일	ホワイトデー(화이트데이)
	20일이나 21일	春分の日(춘분)

월	날짜	행사
4월	상순	入学式・入社式(입학식 · 입사식)
	8일	灌仏会・花祭り(관불회 · 꽃축제)
	29일	昭和の日(쇼와 천황생일)
	4월 말~5월 초	ゴールデンウィーク(골든 위크)
	전반	花見(꽃놀이)
5월	전반	こいのぼり(고이노보리 · 잉어 드림)
	1일	メーデー(노동절)
	3일	憲法記念日(헌법기념일)
	5일	子どもの日・端午の節句(어린이날 · 단오절)
	7일경	立夏(입하)
	제2 일요일	母の日(어머니날)
6월	1일	衣替え(철에 따라 옷을 갈아입는 날)
	제3 일요일	父の日(아버지날)
	21일경	夏至(하지)
	6~7월	蛍狩り・蛍祭り(반딧불이 잡기 놀이 · 축제)
7월	7일	七夕(칠석)
	15일경	お盆(백중불공)
	17일	京都・祇園祭り(교토 · 기온 마쓰리)
	25일	大阪・天神祭り(오사카 · 덴진 마쓰리)
	제3 월요일	海の日(바다의 날)
8월	상순	青森ねぶた祭り(아오모리 네부타 마쓰리)
		秋田竿燈祭り(아키타 간토 마쓰리)
		仙台七夕祭り(센다이 칠석 축제)
		山形花笠祭り(야마가타 하나가사 마쓰리)

월	날짜	행사
8월	7일경	立秋(입추)
	11일	山の日(산의 날)
	중순	高知よさこい祭り(고치 요사코이 마쓰리)
		徳島・阿波踊り(도쿠시아 아와 오도리)
		郡上踊り(구조 오도리)
	15일경	お盆(旧盆)(음력 백중불공)
	15일	終戦の日(패전일)
	16일경	京都五山送り火(교토 고잔 오쿠리비)
	전반	花火大会(불꽃놀이: 전국 각 지역)
	상순~하순	夏の甲子園(전국고교야구선수권대회)
9월	9일	重陽の節句・菊の節句(중양절・국화축제)
	중순 혹은 하순	十五夜、お月見(십오야, 달맞이)
	제3 월요일	敬老の日(경로의 날)
	23일경	秋分の日(추분)
10월	1일	衣替え(철에 따라 옷을 갈아입는 날)
	상순	長崎くんち(나가사키 군치: 스와진자/諏訪神社)
	제2 월요일	体育の日(체육의 날)
	9~10월	運動会(운동회)
	10~11월	紅葉狩り(단풍놀이)
11월	3일	文化の日(문화의 날)
	6일경	立冬(입동)
	15일	七五三(시치고산)
	23일	勤労感謝の日(근로감사의 날)

월	날짜	행사
12월	22일경	冬至(동지)
	23일	天皇誕生日(천황생일)
	24일	クリスマス・イブ(크리스마스 이브)
	25일	クリスマス(크리스마스)
	31일	大晦日(섣달그믐)
		年越しそば(도시코시소바)
		NHK紅白歌合戦(NHK홍백 노래자랑)

1) 節分(세쓰분: 2월 3일)

立春の前夜を「節分」といいます。「鬼は外、福は内」と言いながら煎った豆をまき、まき終わると年齢に一つ加えた数だけ豆を食べます。これは春を迎える前に悪い物を追い払い、幸運を招くという意味があります。この行事は15~16西紀の室町時代のころ、中国から伝来したといわれています。

입춘 전날을 「세쓰분」이라고 합니다. 「악마는 밖으로, 복은 안으로」라면서 볶은 콩을 뿌리고, 다 뿌리고 나면 나이에 하나 더한 수만큼 콩을 먹습니다. 이것은 봄을 맞이하기 전에 나쁜 기운을 몰아내고 행운을 불러들인다는 뜻이 있습니다. 이 행사는 15~16세기인 무로마치 시대에 중국에서 전해졌다고 합니다.

2) バレンタインデー(밸런타인데이: 2월 14일)

西暦270年、ローマ皇帝は、戦いに行くに、妻のことを考えていては、勇敢に戦えないという理由から、兵士たちの結婚を禁じました。しかし、この制度に反対したキリスト教の司祭・バレンタインは、ひそかに兵士たちに結婚式をあげさせたのです。このことが皇帝に見つかって、2月14日、バレンタインは処刑されてしまいました。

서기 270년, 로마 황제는, 전장에 나가는 데, 아내만을 생각해서는 용감하게 싸울 수 없다는 이유로 병사들의 결혼을 금지시켰습니다. 그러나 이 제도에 반대한 기독교 사제인 밸런타인은 병사들에게 몰래 결혼식을 올리게 했습니다. 이것이 황제에게 발각되어, 2월 14일, 밸런타인은 처형되고 말았습니다.

はじめのころ、バレンタインの死を悼む宗教的行事でした。これが14西紀頃からは若い人たちがプロポーズの贈り物をする日になったのです。

시작 당시에는 밸런타인의 죽음을 애도하기 위한 종교행사였습니다. 이것이 14세기경부터는 젊은 사람들이 프로포즈 선물을 하는 날이 되었습니다.

日本では「女性から男性へ愛の告白をする日」と発展して、1936年に神戸モロゾフ洋菓子店が英字雑誌に「バレンタインチョコ」の広告を出し、1958年には新宿の伊勢丹で「バレンタイン・セール」と称したキャンペーンが行われました。

일본에서는 「여성이 남성에게 사랑을 고백하는 날」로 발전해서, 1936년에 고베 모로조프 제과점에서 영어잡지에 「밸런타인 초콜릿」 광고를 냈고, 1958년에는 신주쿠 이세탄에서 「밸런타인 세일」이라는 캠페인을 벌였습니다.

3) ひな祭り(히나마쓰리: 3월 3일)

ひな祭りは、女の子の成長や幸福を願う行事です。部屋に「おひなさま(ひな人形)」を飾り、女の子の健やかな成長を祝います。

히나마쓰리는 여자아이의 성장이나 행복을 기원하는 행사입니다. 방안을 「히나 인형」으로 장식하고, 여자아이의 건강한 성장을 축하합니다.

もともとは中国から伝わった祭りですが、雛人形が飾られるようになったのは江戸時代からです。

원래 중국에서 전해진 축제이지만, 히나 인형을 장식하게 된 것은 에도 시대부터입니다.

最上段に内裏びなが並び、以下「右大臣・左大臣」「三人官女」「五人ばやし」などが各段を飾ります。しかし最近では簡略化して内裏びなだけを飾る家も増えています。

최상단에 천황부부 모습의 인형인 다이리비나가 장식되고, 그 아래에 「우대신・좌대신」「궁녀모습의 인형」「다섯 사람이 합주하는 모습의 인형」 등이 각 단을 장식합니다. 그러나 요즘에는 간소화되어 다이리비나 인형만 장식하는 집도 늘어나고 있습니다.

流しびな(나가시비나)

ひな壇は早くから飾り、3月3日がすむと、すぐ片づけます。いつまでも飾っておくと「お嫁に行くのが遅れる」と言われるからです。

히나단은 일찍부터 장식하여, 3월 3일이 지나면 바로 치웁니다. 계속 장식해 두면 「시집가는 게 늦어진다」는 말이 있기 때문입니다.

3月3日から4日にかけては、「流しびな」といって、おひなさまを川や海に流す風習があります。和歌山県や鳥取県の流しびなは、全国的にも有名です。

3월 3일부터 4일 양일간에는 「나가시비나」라고 하여, 히나 인형을 강이나 바다에 흘려보내는 풍습이 있습니다. 와카야마현이나 돗토리현의 나가시비나는 전국적으로 유명합니다.

4) 桜前線(벚꽃전선)

毎年3月3日に気象庁は、その年の桜の開花予想を発表します。平均気温が15度以上の日が続くと桜は開花すると言われますが、開花日の同じ場所を線で結ぶとちょうど天気図のような日別の線ができます。これを「桜前線」と呼んでいます。

매년 3월 3일에 기상청은, 그해의 벚꽃 개화 예상일을 발표합니다. 평균기온이 15도 이상 유지되면 벚꽃이 개화한다고 하는데 개화일이 같은 장소를 선으로 연결하면 기상도와 꼭 같은 날짜별 선이 생깁니다. 이것을 「벚꽃전선」이라고 합니다.

桜前線は九州地方から順に1日20~50キロのスピードで北上していきます。開花する日は東京が3月30日ぐらい、北海道は5月になります。

벚꽃전선은 규슈 지방에서 순서대로 하루 20~50㎞ 속도로 북상해 갑니다. 개화하는 날짜는 도쿄가 3월 30일 정도, 홋카이도는 5월이 됩니다.

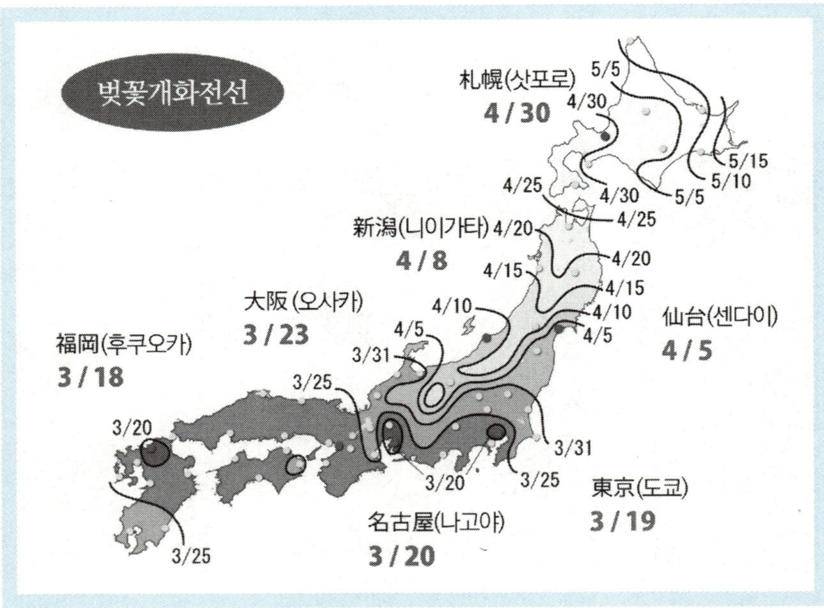

5) 花見(꽃놀이)

花見とは桜を観賞し、遊び楽しむために公園などに出かけることを言います。桜の花の美しさだけでなく、花が短命ではかないところにも、日本人は魅力を感じています。

꽃놀이란 벚꽃을 감상하며, 놀고 즐기기 위해 공원 같은 곳으로 가는 것을 말합니다. 벚꽃의 아름다움뿐만 아니라, 꽃이 순식간에 피고 지는 무상함에 대해서도 일본인들은 매력을 느낍니다.

日本では、毎年３月末から４月の始めにかけて、家族や仲間、会社の同僚が桜の木の下に敷物を敷いて座り、お酒を飲んだり、お弁当を食べたり、歌を歌ったりしながら楽しい一時を過ごす習慣があります。

일본에서는, 매년 3월 말부터 4월 초에 걸쳐서, 가족이나 친구들, 회사 동료들이 벚꽃나무 아래 돗자리를 깔고 앉아서, 술을 마시거나 도시락을 먹거나 노래를 부르면서 즐거운 한때를 보내는 풍습이 있습니다.

6) ホワイトデー(화이트데이: 3월 14일)

バレンタインデーで女性からの愛の告白を受けた男性が、返事をする日が3月14日のホワイトデーです。ホワイトデーの習慣は日本で生まれ、韓国・中国・台湾など東アジアの一部でも定着しています。欧米ではこういった習慣は見られないです。

밸런타인데이에 여성으로부터 사랑을 고백받은 남성이 답하는 날이 3월 14일 화이트데이입니다. 화이트데이 풍습은 일본에서 만들어져, 한국・중국・대만 등 동아시아 일부에서도 정착되었습니다. 그러나 미국이나 유럽에서는 이런 풍습을 찾아볼 수 없습니다.

7) 端午の節句(단오절: 5월 5일)

端午の節句といえばいくつかの習わしがあります。まずは「ちまき」です。ちまきを食べると災いにはあわないと言われています。もともと中国では水神さまにささげる食べ物でした。続いて、柏餅です。これは日本独特のものです。柏の新しい芽が出るまで古い葉はかれても落ちないことから、「家系が跡絶えない」という縁起がいいものとされてきました。

단오절에는 몇 가지 풍습이 있습니다. 우선은 「지마키」입니다. 지마키를 먹으면 재앙을 입지 않는다는 속설이 있습니다. 원래 중국에서는 수신에게 바치는 음식이었습니다. 다음은 가시와모치입니다. 이것은 일본 고유의 떡입니다. 떡갈나무 새싹이 나올 때까지 그 이전의 잎은 말라도 떨어지지 않는 데에서 「후손이 끊어지지 않는다」는 뜻으로 운세가 좋아지는 것으로 여겨졌습니다.

8) 母の日(어머니날: 5월 제2 일요일)

母の愛情に感謝し、その労苦を慰める日です。

어머니의 사랑에 감사하고, 그 노고를 위로하는 날입니다.

20世紀の初めころ、アメリカにアンナ・ジャービスという少女がいました。アンナの母は心の優しい人で、町の子どもたちのためにつくして一生を終えました。

20세기 초 미국에 안나 쟈비스라는 소녀가 있었습니다. 안나의 어머니는 마음씨가 고운 사람으로, 마을 아이들을 위해 헌신하다 생을 마감했습니다.

1907年5月12日、その母をしのぶ会で、アンナは出席してくれた人たちに母親の好きだったカーネーションを配り、母の墓にもカーネーションをささげました。この話を聞いたデパート経営者のジョン・ワナメーカーは、1908年5月10日に407人の子どもとその母親を招き「母の日の礼拝」を行いました。これが米国全土へ広がり、1914年には議会で5月の第2日曜を母の日と定めました。

1907년 5월 12일, 그 어머니를 그리워하는 모임에서, 안나는 참석한 사람들에게 어머니가 좋아했던 카네이션을 나누어주었고, 어머니 무덤에도 카네이션을 바쳤습니다. 이 이야기를 들은 백화점 경영자인 존 워너메이커는 1908년 5월 10일에 407명의 어린이와 그 어머니들을 초청하여 「어머니날의 예배」를 드렸습니다. 이것이 미국 전 지역으로 퍼졌고, 1914년에는 의회에서 5월 두 번째 일요일을 어머니날로 제정하였습니다.

日本では、大正時代の終わりに婦人矯風会が母の日を提唱した事に始まり、戦後一般に浸透しました。

일본에서는, 다이쇼 시대 말에 부인교풍회가 어머니날을 제창한 것을 시작으로, 전후에는 일반인들에게까지 전해졌습니다.

現在でも、子どもが母親にカーネーションを贈ったり、日ごろの感謝を示す日として受け継がれています。

오늘날에도 아이들이 어머니에게 카네이션을 보내거나 평소 감사하는 마음을 전하는 날로 이어지고 있습니다.

9) 衣替え(고로모가에: 6월 1일 · 10월 1일)

中国の宮廷で、旧暦の4月1日と10月1日に夏服と冬服を入れ替えていたことから始まった習慣です。日本へは、平安時代頃に伝わり、室町時代から江戸時代にかけて、四季に合わせて式服を替える習慣が定着しました。

중국의 궁중에서 음력 4월 1일과 10월 1일에 하복과 동복을 갈아입는 풍습에서 시작되었습니다. 일본에는, 헤이안 시대쯤에 전해졌고, 무로마치 시대부터 에도 시대까지는 계절에 맞추어 예복을 갈아입는 풍습이 정착되었습니다.

明治維新で新暦が採用されると、夏服が6月1日～9月30日、冬服は10月1日～5月31日となりました。学校や官公庁、制服のある会社などは、現在もこの日をめどに衣替えを行っています。

메이지 유신 때 양력이 도입되면서, 하복은 6월 1일~9월 30일, 동복은 10월 1일~5월 31일로 정착되었습니다. 학교나 관공서, 제복이 있는 회사 등에서는, 오늘날까지도 이날을 기점으로 고로모가에를 하고 있습니다.

10) 父の日(아버지날: 6월 제3 일요일)

「父の日」は日頃一生懸命働いている父親に感謝し、プレゼントやメッセージカードを贈る日です。米国の家庭では白いバラを贈ります。

「아버지날」은 평소 열심히 일하시는 아버님께 감사하고, 선물이나 메시지 카드를 보내는 날입니다. 미국의 가정에서는 흰 장미를 보냅니다.

現在日本では「日本ファザーズ・デー委員会」が中心となり、毎年さまざまなキャンペーンを行っています。

오늘날 일본에서는 「일본아버지날위원회」가 중심이 되어, 매년 여러 가지 캠페인을 벌이고 있습니다.

11) 彼岸(피안)

「彼岸」というのは「川の向こう岸」という意味で、仏教思想において現世、つまり「こちら側の岸」の悩み・苦しみから開放された「悟り」の境地を表します。

「피안」이란 「강 저편 물가(사후의 세계)」라는 뜻으로, 불교사상에서는 현세, 즉 「이쪽 물가(현세)」의 고민・고통으로부터 해방되는 「깨달음」의 경지를 나타냅니다.

この「彼岸」の極楽浄土か西の方にあるとする仏教思想から、太陽が真東から昇り真西に沈む春分・秋分の日に「彼岸会」の仏事を行うようになったといわれています。春分の日、秋分の日は国民の祝日になって、多くの家庭で仏壇に供え物をしたり墓参りをしたりして、先祖の供養をします。

이 「피안」이 극락정토나 서방정토에 있다는 불교사상에서 태양이 정 동쪽에서 솟아 정 서쪽으로 지는 춘분이나 추분에 「피안회」라는 불교의식이 거행된 것으로 전해지고 있습니다. 춘분이나 추분은 공휴일로 지정되어, 대부분의 가정에서는 불단에 공물을 바치거나 성묘를 가서 조상에게 공양을 합니다.

12) 七夕(칠석: 7월 7일)

天の川(銀河)の東西にある牽牛星と織女星が一年に一度だけ、7月7日の夜に出会うという中国の伝説があります。

은하수의 동쪽과 서쪽에 있는 견우성과 직녀성이 1년에 한 번, 7월 7일 밤에 만난다는 중국의 전설이 있습니다.

七夕の前になると、幼稚園や小学校の低学年では、図画や工作の授業の中で、七夕飾りが作ります。竹に「~がほしい」とか「~になりたい」といった願い事を書いた短冊を結びつけます。

칠석이 다가오면, 유치원이나 초등학교 저학년 미술이나 공작 수업시간에 칠석에 사용할 장식물을 만듭니다. 대나무에 「~을 갖고 싶다」라든가 「~이 되고 싶다」는 등 자신이 바라는 것을 쓴 단자쿠를 매답니다.

仙台や平塚の七夕は有名で、商店街の飾りは年々豪華になってきています。

센다이나 히라쓰카의 칠석 행사는 유명하여, 상가의 장식물은 해마다 그 화려함을 더해갑니다.

もともとは陰暦の7月7日に行われた行事で、今でも一月遅れで祝う地方が多いようです。

원래는 음력 7월 7일에 거행되던 행사였기 때문에, 지금까지도 한 달 늦게 축하하는 지방이 많은 것 같습니다.

7月から8月にかけては、お祭りが多く、福岡の博多山笠、京都の祇園祭り、大阪の天神祭り、青森のねぶた祭りなど、有名なお祭りが続きます。また、夏の風物として各地で花火大会が開かれるが、特に東京の隅田川の花火は有名です。

7월부터 8월까지는 축제가 많아, 후쿠오카의 하카타야마카사, 교토의 기온마쓰리, 오사카의 덴진마쓰리, 아오모리의 네부타마쓰리 등의 유명한 축제로 이어집니다. 또 여름의 풍물시로 각 지역에서 불꽃축제가 열리는데, 특히 도쿄의 스미다강 불꽃축제는 유명합니다.

13) 中元・歳暮(주겐・세이보)

日本では、夏と冬の年2回、日頃お世話になっている方に感謝の気持ちをこめて、品物を贈る習慣があります。夏の贈り物を「中元」、冬の贈り物を「歳暮」といいます。

일본에서는 여름과 겨울, 1년에 두 번, 평소 신세진 분에게 감사의 마음을 담아서 선물을 보내는 풍습이 있습니다. 여름 선물을 「주겐」, 겨울 선물을 「세보」라고 합니다.

贈る相手は親や親戚だけでなく、上司、取引先、仲人などに贈ることも多いようです。ただ、取引先や顧客に一律に送るというような、儀礼的な贈り物を禁止しています。

부모나 친척뿐만 아니라, 상사, 거래처, 중매인 등에게 보내는 경우가 많은 것 같습니다. 단지 거래처나 고객에게 일률적으로 보내는 듯한, 의례적인 선물은 금지합니다.

韓国でもお中元やお歳暮に似た習慣があり、旧暦8月15日と旧正月に肉類や調味料などを贈ります。

한국에서도 주겐이나 세보와 비슷한 풍습이 있으며, 추석과 설날에는 육류나 조미료 같은 것을 보냅니다.

14) お盆(오봉: 8월 15일경)

お盆という名前の由来は「盂蘭盆」と呼ばれる仏教の教えから始まりました。

오봉이라는 이름의 유래는 「우라봉」이라는 불교의 가르침에서 시작되었습니다.

お釈迦様の弟子の目連尊者は、母親が死後の世界で餓鬼道に堕ちて飢えに苦しんでいる姿を見て、お釈迦様に母を救う方法の教えを請いました。

석가모니 부처님의 제자인 목련존자는, 어머니가 죽은 뒤 아귀도에 떨어져 굶주림에 고통받고 있는 모습을 보고, 석가모니 부처님에게 어머니를 구할 수 있는 방법을 가르쳐 달라고 청하였습니다.

その教えに従って、布施や供養を僧侶や多くの方々に施したところ、その功徳により母親は極楽浄土に行くことができました。それ以来、目連尊者が多くの人に施しをした7月15日は祖先供養の大切な日となったと伝えられています。

그 가르침에 따라 승려나 많은 분들에게 보시나 공양을 베풀자, 그 공덕에 의해 어머니는 극락정토로 갈 수 있었습니다. 그 이후, 목련존자가 많은 사람에게 베풀었던 7월 15일은, 조상을 공양하는 중요한 날이 되었다고 전해지고 있습니다.

毎年、お盆の時期になると帰省ラッシュが始まります。お盆は、全国各地で先祖の霊を迎え入れ、また送り出すための盆踊りや祭りが開催される時期です。そのため、お盆といえば夏の風物詩というイメージが強いです。

- 매년 오봉이 다가오면 귀성 러시가 시작됩니다. 오봉은, 전국 각지에서 선조들의 영혼을 맞이하고, 또 보내드리기 위한 봉오도리나 마쓰리가 열리는 시기입니다. 그 때문에 오봉이라고 하면 여름의 풍물시라는 이미지가 강합니다.

お盆は地域によって行われる時期が異なり、行事や風習もさまざまです。全国的にみると8月に行われる旧盆が主流ですが、7月15日を中心として行われる新盆が主流の地域もあります。現在、新盆は東京を中心とした一部の地域のみです。

- 오봉은 지역에 따라 열리는 시기가 다르고, 행사나 풍습도 여러 가지입니다. 전국적으로 보면, 8월에 거행하는 규봉이 주류이지만, 7월 15일을 중심으로 거행하는 아라봉이 주류인 지역도 있습니다. 현재 아라봉은 도쿄를 중심으로 한 일부 지역뿐입니다.

お盆の時にはお墓参りにいく時期です。

- 오봉은 성묘를 가는 시기입니다.

お盆のナスとキュウリを飾っているのは東北、関東、北陸などの風習で全国的なものではないようです。

오봉 때 가지와 오이로 장식하는 것은 도호쿠, 간토, 호쿠리쿠 등의 풍습으로 전국적인 것은 아닌 것 같습니다.

15) お月見(달맞이: 음력 8월 15일)

お月見は旧暦8月15日に月を鑑賞する行事で、この日の月は「中秋の名月」、「十五夜」と呼ばれます。月見の日には、お団子やお餅、ススキ、里芋などを縁側や窓辺に供えて、月の美しさを鑑賞したり、月に願いごとをしたりする行事です。

달맞이는 음력 8월 15일에 달을 감상하는 행사로, 이날의 달은 「중추명월」 「십오야」라고 부릅니다. 달맞이날에는 경단이나 떡, 억새, 토란 등을 툇마루나 창가에 차려놓고, 달의 아름다움을 감상하거나 달에게 소원을 빕니다.

16) 七五三(시치고산: 11월 15일)

七五三は子どもの健やかな成長を祝う儀式です。男の子は３歳と５歳、女の子は３歳と７歳にお祝いする行事です。

시치고산은 아이들의 건강한 성장을 축하하는 의식입니다. 사내아이는 3살과 5살, 여자아이는 3살과 7살을 축하하는 행사입니다.

昔の子どもは、3歳になると髪をのばして結ぶ髪置き、5歳になると男の子は女の子とは形の違う着物を着るようになる袴着を、また女の子は7歳になると子ども用の着物をやめる帯解きの祝いをしました。

옛날 아이들은 3살이 되면 머리를 길러서 묶는 가미오키를 하고, 5살이 되면 사내아이는 여자아이와는 다른 모양의 옷을 입게 되는 하카마기를, 또 여자아이는 7살이 되면 아동용 옷을 입지 않고, 오비를 착용하는 의식을 치렀습니다.

髪置の儀　袴着の儀　帯解の儀

七五三には、記念の写真を残したいです。七五三のシーズンには、写真館やフォトスタジオが混み合うため、先に写真だけ撮る家庭も増えてきています。写真館やフォトスタジオによっては、6月から七五三の写真撮影を行っているところもあり、10月や11月に比べて値段が低くなっています。

시치고산에는 기념사진을 남기고 싶어 합니다. 시치고산 시즌에는, 사진관이나 포토스튜디오가 혼잡하기 때문에, 먼저 사진만 찍는 가정도 늘어나고 있습니다. 사진관이나 포토스튜디오에 따라서는, 6월부터 시치고산 사진촬영을 하는 곳도 있으며, 10월이나 11월에 비해서 가격이 쌉니다.

千歳飴(치도세아메)

子どもが七五三を迎えると、晴れ着を着せて神社にお参りし、親類や近所の人たちに千歳飴という、鶴や亀の描かれた袋に入った紅白の細長い飴を配る習慣が残っています。「千歳」は千年を意味し、鶴も亀も長寿の象徴です。また赤と白は日本人にとってめでたい色の組み合わせで、ここには子どもの健康と成長への祈りが込められているのです。

아이가 시치고산을 맞으면, 나들이옷을 입혀서 진자에 참배하고, 친척이나 이웃사람들은 치도세아메라 하여 학이나 거북이 그려진 봉투에 담긴 홍백색의 가늘고 긴 엿을 나누어주는 풍습이 남아 있습니다. 「치도세」는 천년을 뜻하며, 학이나 거북이도 장수의 상징입니다. 또 빨간색과 흰색은 일본인들에게는 경사스런 색의 조합으로, 여기에는 아이들의 건강한 성장을 바라는 뜻이 숨어 있는 것입니다.

17) クリスマス(크리스마스: 12월 25일)

日本では、クリスマスは恋人や友達と過ごし、お正月は家族と過ごすことが多いのに対して、欧米では反対にクリスマスは家族で過ごし、お正月は友達や恋人と過ごすことが多いようです。そのため、日本では売上が見込める日なのでほとんどの店が開いています。

일본에서는, 크리스마스는 연인이나 친구와 보내고, 설날은 가족들과 보내는 경우가 대부분인 데 비하여, 서구에서는 반대로 크리스마스는 가족들과 보내고, 설날은 친구나 연인과 보내는 경우가 많은 것 같습니다. 따라서 일본에서는 매상이 오를 것이 예상되는 날이기 때문에 대부분의 가게는 영업을 합니다.

このように、日本人は仏教や神道やいろんな宗教があるものの、宗教など気にせずにクリスマスを楽しむのです。日本のクリスマスは宗教行事というよりも、お祭りや商業的な意味合いが強いからです。

이렇게 일본인들은 불교나 신토, 그 외에 여러 종교가 있긴 하지만, 종교와는 상관없이, 크리스마스를 즐깁니다. 일본의 크리스마스는 종교행사라기보다는, 축제나 상업적인 성격이 강하기 때문입니다.

18) 年越し(도시코시: 12월 31일)

12月28日は官公庁の「仕事納め」の日です。12月29日から大晦日までの休日は、家庭では大掃除をしたり、お正月の準備をしたりします。

12월 28일은 관공서에서 한 해의 일을 마무리하는 날입니다. 12월 29일부터 섣달그믐날까지의 휴일에는, 가정에서 대청소를 하거나 설 맞을 준비를 합니다.

年末の掃除は「大掃除」といって、窓を拭いたり、床を磨いたり、引き出しを整理したり、障子やふすまを張り替えたりします。

연말에 하는 청소를 「대청소」라고 해서, 창문이나 마루를 닦기도 하고, 서랍을 정리하거나 미닫이나 맹장지를 새로 바르기도 합니다.

12月31日は「大晦日」です。大掃除も済み、お正月を迎える準備ができた部屋で「年越しそば」を食べます。午後12時になると「除夜の鐘」が鳴ります。

12월 31일은 「섣달그믐날」입니다. 대청소도 끝나고, 설 맞을 준비가 끝난 방에서 「도시코시소바」를 먹습니다. 밤 12시가 되면 제야의 종소리가 울립니다.

年越しそばを食べ終り、夜中の12時を過ぎるとお正月です。「明けましておめでとう」と家族で挨拶をします。その後は初もうでに出かける人もいます。

大晦日の電車や地下鉄は、特に終夜運転をして初もうで客のためにサービスしてくれます。

도시코시소바를 먹은 뒤, 밤 12시가 지나면 설날입니다. 「새해 복 많이 받으세요」라고 가족끼리 인사를 나눕니다. 그 후에는 하쓰모데에 나서는 사람도 있습니다. 섣달그믐날의 전차나 지하철은, 특히 밤샘 운전으로 하쓰모데하는 손님을 위해 서비스를 해줍니다.

IV 伝統文化

전통문화

1. 着物(기모노) | 2. 浴衣(유카타) | 3. 結婚式(결혼식) | 4. お葬式(장례식) |
5. 手土産のマナー(선물 매너) | 6. 庭園(정원) | 7. 侍(사무라이) | 8. 芸者(게이샤)
9. お城(성) | 10. 旅館(료칸) | 11. 温泉(온천) | 12. 相撲(스모) | 13. 祭り(축제)
14. 花火(불꽃놀이)

1 着物(기모노)

「着物」は本来、日本語で衣服という意味ですが、近年では「日本の伝統的民族衣装」という意味で使われています。

「기모노」는 원래 일본어로 옷이라는 뜻이지만, 요즘에는 「일본의 전통적 민족의상」이라는 의미로 사용되고 있습니다.

日本人は、あまり着物を着ません。一般的に着物は晴れ着という意識になり、結婚式などのあらたまったセレモニー、お葬式、お茶やお花の席で、または夏のお祭りや七夕などの機会に、着物を身につける習慣があります。

일본인들은 기모노를 자주 입지 않습니다. 일반적으로 나들이 옷이라는 생각으로 결혼식 같은 격식 차린 세리머니, 장례식, 다회나 꽃꽂이 등에서, 혹은 여름 축제나 칠석 같은 기회에 기모노를 입는 관습이 있습니다.

着物の名称(기모노의 명칭)

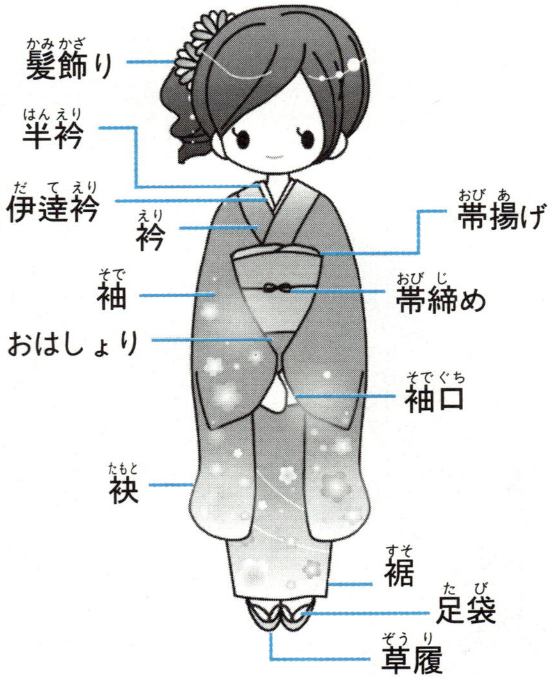

着物の種類(기모노의 종류)

① 振袖(후리소데)

未婚女性が着用する
最も格式高い
着物です。

미혼여성이 착용하는
가장 격조 높은 기모노입니다.

② 留袖(도메소데)

既婚女性が着用する
最も格式高い
着物です。

기혼여성이 착용하는
가장 격조 높은 기모노입니다.

③ 訪問着(방문복)

昼間の第一礼装で、
社交着として着ます。
未婚、既婚の
区別はありません。

주간에 입는 제일 예복으로
사교복으로 입습니다.
미혼, 기혼의 구별은 없습니다.

④ 付け下げ(쓰케사게)

訪問着の代わりに
着ることができる
社交用の着物です。

방문복을 대신하여 입을 수
있는 사교용 기모노입니다.

⑤ 小紋(고몬)

訪問着や付け下げより
はカジュアルに、
ちょっとした
オシャレをしたい
時に重宝します。

방문복이나 쓰케사게보다는
캐주얼하므로, 약간 멋 부리고
싶을 때 편리합니다.

⑥ 色無地(이로무지)

用途によって
利用範囲の広い
着物です。

용도에 따라 활용도가
높은 기모노입니다.

白無垢と色内掛(시로무쿠와 이로우치카케)

日本の伝統的な婚礼衣装は白無垢と色内掛です。一般的には、式は白無垢、披露宴は色内掛です。特に白無垢は和式の挙式のみに許される衣装です。

시로무쿠

이로우치카케

일본의 전통혼례 의상은 시로무쿠와 이로우치카케입니다. 일반적으로 예식은 시로무쿠, 피로연은 이로우치카케입니다. 특히 시로무쿠는 일본 전통방식으로 거행되는 결혼식에서만 허용되는 의상입니다.

紋付・羽織・袴(몬쓰키・하오리・하카마)

和服における男子の第一礼装とされる衣服です。

와후쿠에 있어서 남자의 제일 예복으로 간주되는 의복입니다.

着物のマナー(기모노의 매너)

着物を着た時には、美しい立ち居振る舞いに気をつけます。

기모노를 입었을 때에는, 점잖은 행동거지를 위해 항상 조심해야 합니다.

歩く時(걸을 때)

背筋を伸ばして、小さめの歩幅で歩きます。

허리를 펴고 약간 좁은 보폭으로 걷습니다.

椅子に座る時(의자에 앉을 때)

帯がつぶれないように浅く座り、足先をそろえます。

오비가 훼손되지 않도록 앞쪽으로 앉고 발끝을 모읍니다.

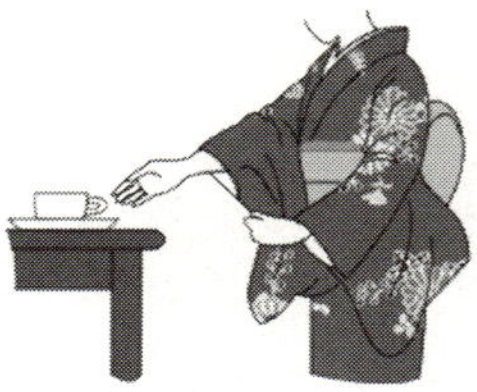

片腕を上げる時(한쪽 팔을 들어 올릴 때)

腕がむき出しにならないように、もう一方の手で袂を押さえます。

팔이 드러나지 않도록 다른 한 손으로 소매를 잡습니다.

階段の上り下り(계단의 오르내림)

すそを踏まないように、右手で着物を軽くつまんで、つま先に重心をかけてゆっくりと進みます。

옷자락을 밟지 않도록 오른손으로 기모노를 가볍게 잡고, 발가락 끝에 중심을 싣고 천천히 나갑니다.

2 浴衣(유카타)

浴衣とは、和服の一種です。主に夏に着用され、特に夏祭りや花火大会などで着用する女性を多く見かけます。

유카타는 일본 전통의상의 일종입니다. 주로 여름철에 입으며, 특히 여름축제나 불꽃대회 등에서 유카타 차림의 여성들이 눈에 띕니다.

また日本独特の風習として、旅館やホテルに寝巻きの代わりとして客用の浴衣が用意してある場合が多いです。湯上がりに着用したり寝る時に寝巻き(パジャマ)として着るのが一般的です。

일본 특유의 풍습으로 료칸이나 호텔에 잠옷 대용으로 손님용 유카타가 준비되어 있는 경우가 많습니다. 목욕하러 갈 때 착용하기도 하고, 잠 잘 때는 잠옷 대용으로 입는 것이 일반적입니다.

通常の和服と違い下には長襦袢を着用しないです。服の形状は着物と似ているが、服の素材は主に麻などの軽い素材が用いられています。現在では合成繊維を用いているものもあります。

통상적인 일본 전통의상과는 달리 아래에는 긴 속옷을 입지 않습니다. 옷의 형상은 기모노와 유사하지만, 옷의 소재는 주로 마와 같은 가벼운 소재가 이용되고 있습니다. 요즘은 합성섬유를 이용한 것도 있습니다.

浴衣の名称(유카타의 명칭)

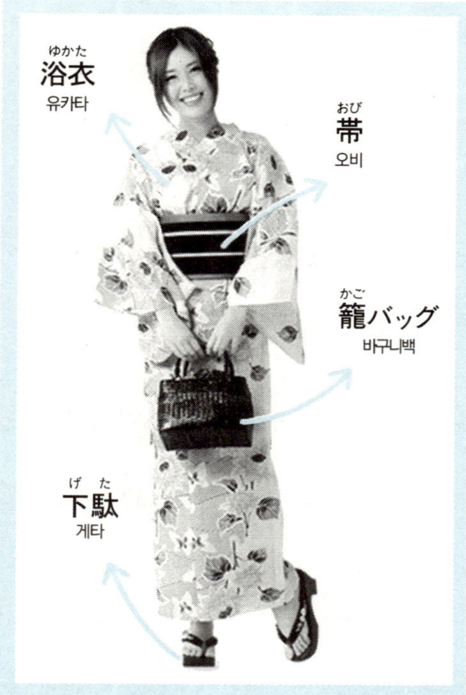

浴衣の着る順(유카타 입는 순서)

3 結婚式(결혼식)

結婚式(けっこんしき)は、洋(よう)の東西(とうざい)を問(と)わず人生(じんせい)における重要(じゅうよう)な儀式(ぎしき)の一(ひと)つです。

결혼식은, 동서양을 막론하고 인생에 있어서 중요한 의식 중 하나입니다.

日本(にほん)では、昔(むかし)は結婚式(けっこんしき)を自宅(じたく)で行(おこな)う風習(ふうしゅう)がありましたが、今日(きょう)では、ほとんどが専門(せんもん)の結婚式場(けっこんしきじょう)、ホテルの式場(しきじょう)、有名(ゆうめい)な神社(じんじゃ)などで行(おこな)われます。

일본의 경우 옛날에는 결혼식을 자택에서 거행하는 풍습이 있었지만, 오늘날에는 대부분 전문 결혼식장, 유명한 진자 같은 데서 거행됩니다.

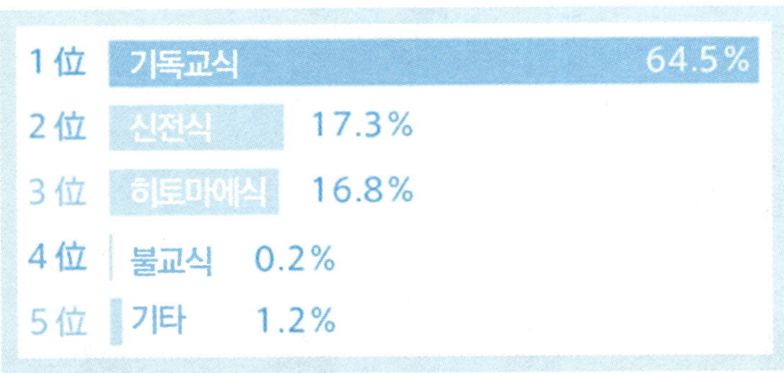

神前結婚式(しんぜんけっこんしき)(신전결혼식)

神殿(しんでん)の前(まえ)で神主(かんぬし)の主宰(しゅさい)で式(しき)を挙(あ)げるのですが、信仰(しんこう)とはあまり関係(かんけい)なく、しきたりとしての意味(いみ)が強(つよ)いです。

신전 앞에서 간누시의 주재로 예식을 하지만, 신앙과는 그다지 관계가 없고 관습적인 의미가 강합니다.

仲人(중매인)

結婚が双方の意思によって決まれば、両当事者の両親に正式に紹介し、仲人の立会いの下で結納を取り交わし、婚約成立の証とします。

결혼이 쌍방의 의사에 의해 결정되면, 양 당사자의 부모에게 정식으로 소개하고, 중매인의 입회하에 예물을 교환함으로써 약혼성립의 증거로 삼습니다.

神前結婚式の流れ(신전결혼식의 흐름)

① 入場(입장)

巫女に先導される形で、新郎新婦を先頭に、媒酌人夫妻、両親、親族の順に本殿に入場します。

미코가 선도해 가는 형태로, 신랑 신부를 선두로 중매인부부, 양친, 친족의 순으로 본전에 입장합니다.

② 修祓の儀(재계의식)

参列者は一同起立して頭を下げ、斎主がおはらいをします。

참석자는 일동 기립해서 머리를 숙이고, 재주가 오하라이를 합니다.

③ 祝詞奏上(축사 낭독)

斎主が神前で祝辞を読み上げ、新郎新婦の結婚報告をします。参列者は起立して聞きます。

재주가 신전에서 축사를 낭독하고, 신랑 신부의 결혼보고를 합니다. 참석자는 일어서서 듣습니다.

④ 三献の儀(삼배의식)

三三九度の儀式。「一の盃(小)」は新郎→新婦→新郎、「二の盃(中)」は新婦→新郎→新婦、「三の盃(大)」は新郎→新婦→新郎の順です。

삼삼구도의 의식. 첫잔은 신랑→신부→신랑, 둘째 잔은 신부→신랑→신부, 셋째 잔은 신랑→신부→신랑의 순서입니다.

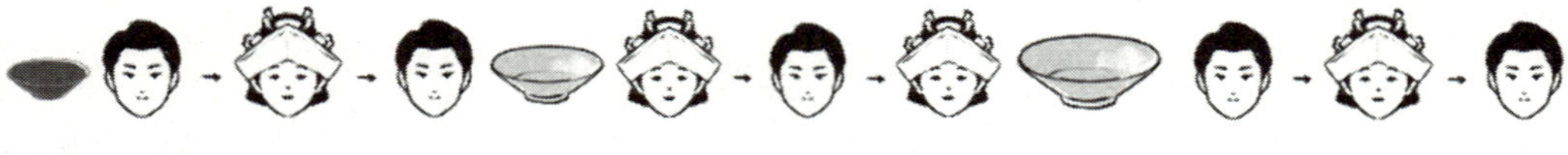

⑤ 誓詞奏上(선서 낭독)

神殿に向かい、新郎新婦二人で誓いの言葉を読み上げます。

신전을 향해 신랑 신부 둘이서 선언문을 낭독합니다.

⑥ 玉串奉奠(비쭈기나무를 신전에 바침)

新郎新婦、続いて媒酌人夫妻、そして、両家代表の順で、神殿に玉串を捧げます。

신랑 신부에 이어 중매인 부부, 그리고 양가 대표 순으로 신전에 비쭈기나무를 바칩니다.

⑦ 指輪の交換(반지 교환)

神前結婚式には本来ないものですが、今では行うのが一般的です。巫女から指輪を受けた新郎が、新婦の左手の薬指に指輪をはめ、続いて新婦が同様に行います。

원래 신전결혼식에는 없었지만, 지금은 하는 것이 일반적입니다. 미코에게 받은 반지를 신랑이, 신부의 왼손 약지에 끼워주고, 이어서 신부가 같은 방식으로 반지를 끼워줍니다.

⑧ 親族杯の儀(친척 건배)

巫女が親族全員に御神酒を注ぎ、一同が起立して一緒に3回で飲み干します。

미코가 가족 전원에게 제주를 따르고, 모두 일어서서 함께 3번으로 나누어 마십니다.

⑨ 斎主のあいさつ(재주의 인사)

挙式が終了したことを斎主が神殿に報告し、新郎新婦に祝福の言葉を贈ります。

식이 끝난 것을 재주가 신전에 보고하고, 신랑 신부에게 축복의 말을 건넵니다.

⑩ 退場(퇴장)

斎主に続き、新郎新婦、媒酌人夫妻、親族の順に本殿から退場します。

재주에 이어 신랑 신부, 중매인 부부, 친족 순으로 본전에서 퇴장합니다.

4 お葬式(장례식)

お葬儀は、親族や知人が故人の冥福を祈り、死者を葬る儀式です。宗教・宗派によって異なりますが、僧侶の読経、通夜、焼香、出棺、火葬、告別式などがお葬儀にあたります。

장례식은 친족이나 지인이 고인의 명복을 빌고, 죽은 사람을 매장하는 의식입니다. 종교・종파에 따라 다르지만, 승려의 독경, 오쓰야, 분향, 출관, 화장, 고별식 같은 것이 장례식에 해당됩니다.

ほとんどのお葬式は、仏教式で行われています。

대부분의 장례식은 불교식으로 거행됩니다.

服装(복장)

服装は、基本的に黒です。黒の衣服は「喪服」といいます。ワイシャツは白、靴下とストッキングは黒、バッグも黒です。

복장은 기본적으로 검은색입니다. 검은 의복은 「상복」이라고 합니다. 와이셔츠는 흰색, 양말과 스타킹은 검은색, 백(bag)도 검은색입니다.

お通夜(오쓰야)

お葬式の最初の日の夕方、そしてその夜を「お通夜」といいます。お通夜は、ご遺族や故人さまと親しかった人たちが、故人さまとの別れを惜しみながら、一緒に過ごす最後の時間です。

장례식 첫날 저녁, 그리고 그 밤을 「오쓰야」라고 합니다. 오쓰야는 유족이나 고인과 친했던 사람들이, 고인과의 이별을 아쉬워하면서 함께 보내는 마지막 시간입니다.

お坊さんが来てお経をあげた後、集まった人たちに簡単な食べ物と飲み物がでます。遠慮しないで食べますが、早めに帰ります。

스님이 와서 독경을 한 후에, 모인 사람들에게 간단한 음식물과 음료수가 나옵니다. 사양하지 않고 먹지만, 일찍 귀가합니다.

香典(조의금)

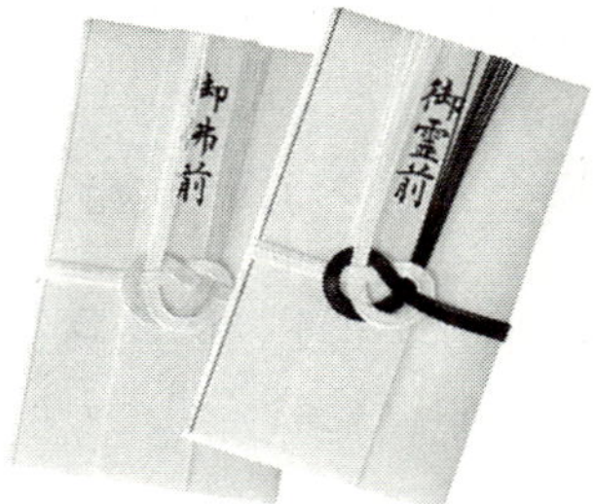

ふつう亡くなった人のために「香典」を持っていきます。香典袋の書き方は宗教で違いますが、同じものもあります。

보통 죽은 사람을 위해 「조의금」을 가지고 갑니다. 조의금 봉투에 쓰는 글은 종교에 따라 다르지만, 같은 경우도 있습니다.

불교식(仏式)	신토식(神式)	기독교식(キリスト式)
御香典	御霊前	御霊前
御霊前	御神前	献花料
御香料	御饌料	御花料
御弔料	御玉串料	御白花料
御仏前	御榊料	御ミサ料
御供		弔慰料

告別式(고별식)

集まった人たちが亡くなった人とお別れをする儀式です。来た人は一人ずつお棺の前まで行って、手を合わせ、「焼香」をします。

모인 사람들이 죽은 사람과 이별하는 의식입니다. 조문 온 사람들은 한 사람씩 관 앞까지 가서 합장하고 「분향」을 합니다.

受付で記帳(접수처에서 방명록에 기록함)

① 香典をわたします。

조의금을 건넵니다.

② 住所と名前を書きます。

주소와 이름을 씁니다.

5 手土産のマナー(선물 매너)

「手土産」とは、訪問する人が持って行くお土産のことを指します。

「데미야게」는 방문하면서 가지고 가는 선물을 말합니다.

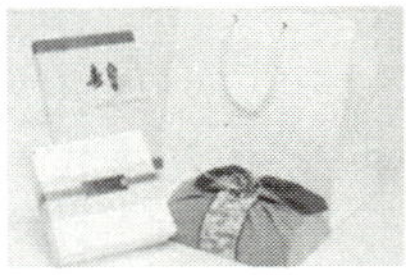

選び方(고르는 법)

① 菓子などの軽い食べ物がいいです。

과자 같은 가벼운 음식물이 좋습니다.

② 家族全員で楽しんでいただけるものにします。

가족 모두가 함께 즐길 수 있도록 합니다.

③ 訪問先の駅前などで買わないようにします。

방문지의 역 앞같은 데서는 사지 않도록 합니다.

手渡すタイミング(건네는 타이밍)

座敷や居間に通されたら、正式な挨拶をした後、手土産を渡します。

다다미방이나 거실로 안내되면, 정식으로 인사한 후 선물을 건넵니다.

渡す時に使える言葉(건넬 때 할 수 있는 말)

「どうぞ、おかけください。」

앉으세요.

「本日は、お招きありがとうございます。」

오늘 초대해 주셔서 감사합니다.

「つまらないものですが」

변변치 않은 것입니다만

「どうぞ、お受け取りください。」

부디 받아주십시오.

「ご挨拶のしるしとして」

인사의 표시로

「よろしければ、あとで皆さんで召し上がってください。」

괜찮으시다면, 나중에 모두 같이 드십시오.

6 庭園(정원)

日本庭園は西洋庭園と違って、「曲線による造形と左右非対称」なのが大きな特徴です。それは日本庭園が自然の風景を手本にして造形しているからです。

일본정원은 서양정원과 달리, 「곡선에 의한 조형과 좌우비대칭」인 것이 큰 특징입니다. 그것은 일본정원이 자연의 풍경을 모델로 삼아 만들기 때문입니다.

もともと日本も、大陸から造園文化が入ってきた時は、四角い池泉が造られています。

원래 일본도 대륙에서 정원문화가 들어왔을 때, 네모진 지천(정원에 파놓은 연못)이 만들어져 있었습니다.

しかし、次第に曲線中心の池泉になり、その後は直線的な庭園はほとんど見られないようになっていきました。

그러나 점차 곡선 중심의 지천으로 바뀌고 그 후로 직선적인 정원은 거의 볼 수 없게 되었습니다.

それは、日本庭園が自然に対する敬いや宗教、思想などを抽象的に表現して作庭するようになり、独自に発展していったためです。

그것은 일본정원이 자연에 대한 존중이나 종교, 사상 등을 추상적으로 표현하여 만들게 되면서 독자적인 모습으로 발전하였기 때문입니다.

日本庭園の様式(일본정원의 양식)

日本独自の庭園様式としては、池泉式庭園、枯山水式庭園、露地式庭園が挙げられます。

일본의 독자적인 정원양식으로는 지센식 정원, 가레산스이식 정원, 로지식 정원 등을 들 수 있습니다.

① 池泉式庭園

池や小川がある庭園。

연못이나 개울이 있는 정원

② 枯山水式庭園

水を使わず、山水を表現した庭園。

물을 사용하지 않고, 산수를 표현한 정원

③ 露地式庭園

草庵式の茶室の庭園。

초암식 다실 정원

日本庭園(にほんていえん)にあるもの(일본정원에 있는 것)

築山(つきやま)

석가산(石假山)

庭石(にわいし)

정원석

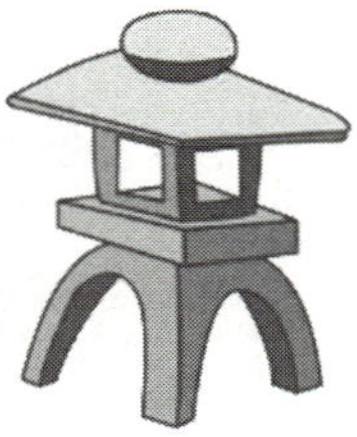

石灯籠(いしとうろう)

석등롱, 석등

ししおどし

물받이 대롱의 한쪽에 물이 쏟아지면 다른 쪽에 튀겨서 돌을 때려 큰 소리를 내게 만든 장치

茶室(ちゃしつ)

다실

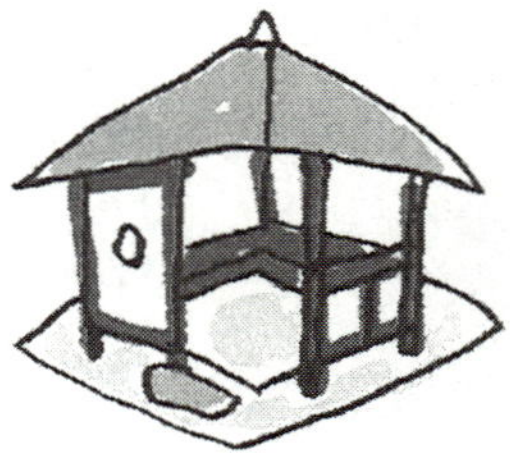

東屋(あずまや)

정자

日本三名園(일본의 3대 정원)
にほんさんめいえん

① 兼六園(石川県金沢市) 겐로쿠엔(이시카와현 가나자와시)
けんろくえん いしかわけんかなざわし

② 後楽園(岡山県岡山市) 고라쿠엔(오카야마현 오카야마시)
こうらくえん おかやまけんおかやまし

③ 偕楽園(茨城県水戸市) 가이라쿠엔(이바라기현 미토시)
かいらくえん いばらぎけんみとし

7 侍(사무라이)

侍という階級が現れたのは、平安時代の末期、10~11世紀頃です。

사무라이라는 계급이 나타난 것은, 헤이안 시대 말기인 10~11세기경부터입니다.

平安時代中期、地方の豪族や有力農民の中から領主が生まれ、自分たちの土地を守るために武装して農民を支配したのが侍の起源です。

헤이안 시대 중기, 지방 호족이나 유력 농민 중에서 영주가 탄생되고, 자신들의 토지를 지키기 위해 무장하여 농민들을 지배한 것이 사무라이의 기원입니다.

その中から武士団が形成され、やがて平安時代末期の平清盛や源頼朝の出現によって、ついに貴族から政権を奪うに至ります。

그중에서 무사단이 형성되고, 마침내 헤이안 시대 말기의 다이라노 기요모리나 미나모토 요리토모의 출현에 의해, 결국은 귀족들로부터 정권을 빼앗기에 이릅니다.

武装した農民が徐々に力をつけて、古い貴族政権を倒して新しい武家政権を創りだしたというわけです。

무장한 농민들이 서서히 힘을 갖게 되고, 낡은 귀족정권을 타도하여 새로운 무가정권을 만들었습니다.

この時から約700年間、武士が政権を担う時代が続きました。

이때부터 약 700년간, 무사가 정권을 담당하게 되었습니다.

侍の服装(사무라이의 복장)

① 平時の侍(평상시의 사무라이)

② 戦時の侍(전쟁 때의 사무라이)

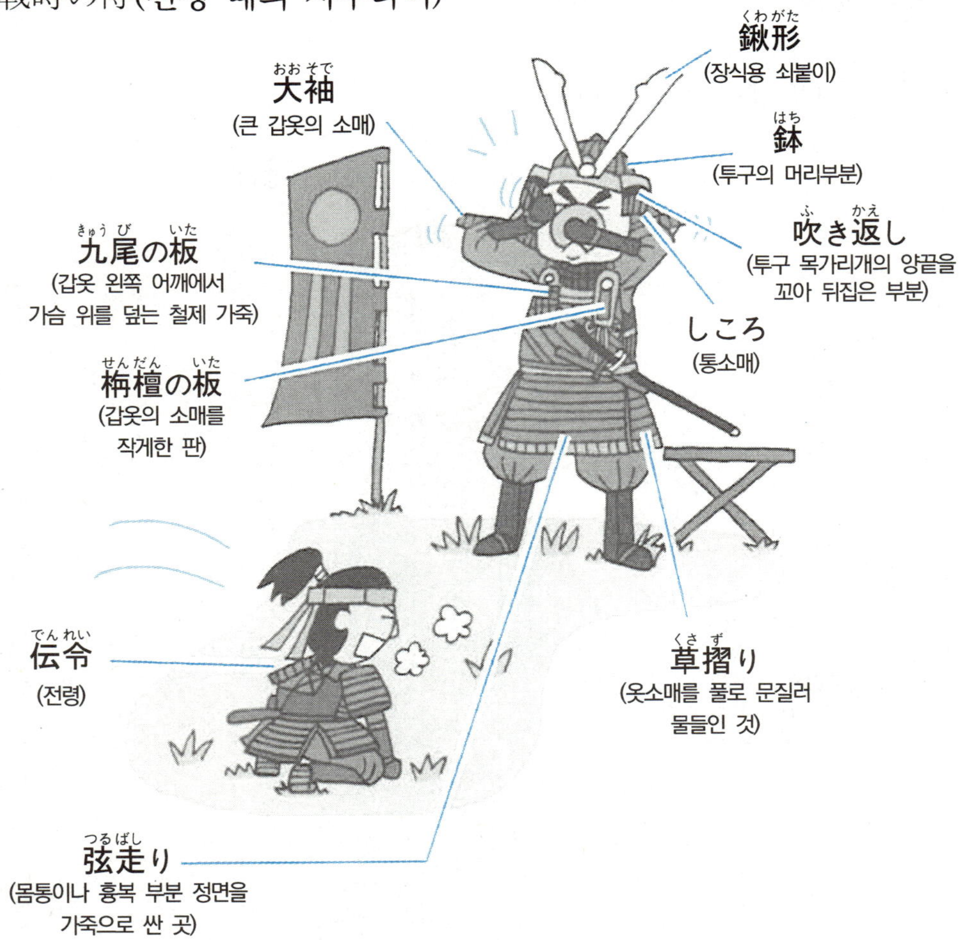

武士道(무사도)

武士道とは、武士の生き方や考え方、行動規範を示したものです。

무사도란, 무사의 삶이나 사고력, 행동범위를 나타낸 것입니다.

江戸時代に広まった武士道では、①藩やお家を守る②「恥となる」「卑怯である」「忠義に反する」言動をしない③これらにあたることをしてしまった時、または、その疑いがかけられた時には死をかけてその恥をすすぐ④武士に二言はないという大きな共通点があります。

에도 시대에 널리 알려진 무사도로는, ① 번이나 집을 지킨다. ②「수치스러운」「비겁한」「충의에 반하는」 언동을 하지 않는다. ③ 이에 해당되는 언동을 하였을 때, 혹은, 그런 의심을 받았을 때는 목숨을 걸고 그 수치스러움을 씻는다. ④ 무사에게 일구이언은 없다는 큰 공통점이 있습니다.

切腹(할복)

侍は、不始末が生じた場合にその責任をみずから判断し、腹を切らなくてはならないこともありました。

사무라이는, 불미스런 일이 생겼을 때 그 책임을 스스로 판단하고, 할복해야 하는 경우도 있었습니다.

左側通行(좌측통행)

① 刀が触れ合うのを避けるためにでした。

칼이 맞닿는 것을 피하기 위해서였습니다.

② 刀同士が触れれば、切り合いになることもありました。

칼끼리 부딪치면 칼부림이 일어나는 경우도 있었습니다.

③ 1876年に、帯刀を禁止した法令が出ました。

1876년에 칼을 차고 다니는 것을 금지하는 법령이 나왔습니다.

8 芸者(게이샤)

芸者(げいしゃ)は、お座敷(ざしき)で小唄(こうた)や踊(おど)りなどでお客(きゃく)さんを楽(たの)しませてくれます。

게이샤는, 술자리에서 노래나 춤 등으로 손님을 즐겁게 해줍니다.

芸者(げいしゃ)は、お座敷(ざしき)に人力車(じんりきしゃ)で来(き)ます。

게이샤는, 술자리에 인력거를 타고 옵니다.

芸者(げいしゃ)は、左褄(ひだりづま)を持(も)って歩(ある)きます。

게이샤는, 왼손으로 옷단을 잡고 걷습니다.

人力車(じんりきしゃ)

인력거

褄(つま)

아랫단 좌우 끝

藤八拳(도하치켄)

下の3つのポーズを取って行う、"じゃんけん"のような遊びです。

아래의 3가지 포즈로 하는 "가위바위보" 같은 놀이입니다.

猟師のポーズ

사냥꾼 포즈

庄屋のポーズ

촌장 포즈

狐のポーズ

여우 포즈

猟師は狐に勝ち、狐は庄屋に勝ち、庄屋は猟師に勝ちとなります。

사냥꾼은 여우에게 이기고, 여우는 촌장에게 이기고, 촌장은 사냥꾼에게 이깁니다.

猟師は、庄屋に頭が上がらないです。庄屋は、狐に化かされます。狐は、猟師に撃たれます。

사냥꾼은 촌장에게 고개를 들지 못합니다. 촌장은 여우에게 홀리고 맙니다. 여우는 사냥꾼의 총에 맞습니다.

9 お城(성)

日本のお城とは、大名たちの戦略の拠点であり、防衛の要でもありました。ところが天下統一の後、戦略的な目的を失った城は、そこに封ぜられた大名のその藩の民に対する権力誇示の意味合いを持つようになり、また城下町内を統治する政所としての役割を担うようになりました。

일본의 성이란, 다이묘들의 전략적 거점이면서, 방위의 요충지이기도 했습니다. 그런데 천하통일을 한 뒤, 전략적인 목적을 잃은 성은, 그곳에 부임해 온 다이묘들의, 그 번민에 대한 권력과시의 의미를 가지게 되었고, 또 조카마치 내부를 통치하는 관청으로서의 역할을 하게 되었습니다.

有名な城(유명한 성)

松前城(北海道)

弘前城(青森県)

名古屋城(愛知県)

彦根城(滋賀県)

大阪城(大阪府)

姫路城(兵庫県)

10 旅館(료칸)

日本の伝統的な宿泊施設は「旅館」と呼ばれています。客室の数は5室以上であり、設備や景観が和風であることが条件です。

일본의 전통적인 숙박시설은 「료칸」이라 합니다. 객실 수는 5실 이상이고, 설비나 경관이 일본 전통방식이어야 한다는 것이 조건입니다.

旅館では日本の文化や習慣の独特な美しさを見出すことができます。つまり、旅館は単に宿泊する場所というより、日本を体験できる所なのです。

료칸에서는 일본의 문화나 습관 같은 독특한 아름다움을 발견할 수 있습니다. 결국 료칸은 단지 숙박하는 장소라기보다, 일본을 체험할 수 있는 곳입니다.

最近のデータでは、宿泊業の営業許可施設数は7万9,519施設です。業態別では、ホテル営業施設数9,809施設、旅館営業施設数4万3,363施設です。

최근의 데이터에서는, 숙박업의 영업허가 시설 수가 7만 9,519곳입니다. 업태별로 보면 호텔영업 시설 수는 9,809곳, 료칸영업 시설 수는 4만 3,363곳입니다.

旅館に着いたら(료칸에 도착하면)

女将さん

여주인

番頭さん

지배인

仲居さん

고용인

板前さん

요리사

仲居さんが、荷物を部屋まで運んでくれます。

나카이상이 짐을 방까지 옮겨줍니다.

仲居さんが、お茶を持ってきてくれます。そしてお風呂や食事のことを説明してくれます。

나카이상이 차를 가지고 옵니다. 그리고 목욕이나 식사에 관해 설명해 줍니다.

旅館(りょかん)にあるもの(료칸에 있는 것)

「どんちゃん騒(さわ)ぎ」とは、酒宴(しゅえん)などで大騒(おおさわ)ぎすることです。

「돈짱사와기」란, 술자리 같은 데서 크게 떠드는 것을 말합니다.

宴会(えんかい)(연회)　宴会場(えんかいじょう)(연회장)　大広間(おおひろま)(넓은 방)

おみやげコーナー(선물코너)

カラオケ(가라오케)

ゲームコーナー(게임코너)

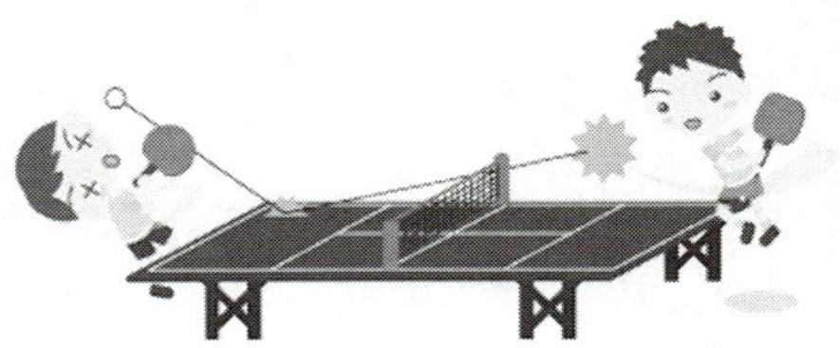

ピンポン(탁구)

11 温泉(온천)

日本は、火山が多いですから、温泉もたくさんあります。全国に3000以上の温泉地があります。

일본은 화산이 많기 때문에 온천도 많이 있습니다. 전국에 3,000군데 이상의 온천장이 있습니다.

主な温泉地は登別(北海道)・蔵王(山形県)・伊香保(群馬県)・草津(群馬県)・白骨(長野県)・下呂(岐阜県)・箱根(神奈川県)・熱海(静岡県)・白浜(和歌山県)・道後(愛媛県)・雲仙(長崎県)・別府(大分県)・指宿(鹿児島県)などです。

주요한 온천장은 노보리베쓰(홋카이도)・자오(야마가타현)・이카호(군마현)・구사쓰(군마현)・시라호네(나가노현)・게로(기후현)・하코네(가나가와현)・아타미(시즈오카현)・시라하마(와카야마현)・도고(에히메현)・운젠(나가사키현)・벳푸(오이타현)・이부스키(가고시마현) 등입니다.

日本人は、昔から、温泉旅行が大好きです。家族や友達と行ったり、会社の旅行で行ったりします。温泉に入って、その後、みんなでおいしいものを食べます。

일본인들은 옛날부터 온천여행을 매우 좋아했습니다. 가족이나 친구들과 함께 가기도 하고, 회사 동료들과 가기도 했습니다. 온천욕을 한 뒤에는 모두 함께 맛있는 음식을 먹습니다.

外にあるお風呂を「露天風呂」と言います。山や海を見ながらお風呂に入ると、とても気持ちがいいです。

밖에 있는 목욕탕을 「로텐부로」라고 합니다. 산이나 바다를 바라보면서 목욕을 하면 기분이 매우 좋습니다.

おもな温泉(주요한 온천)

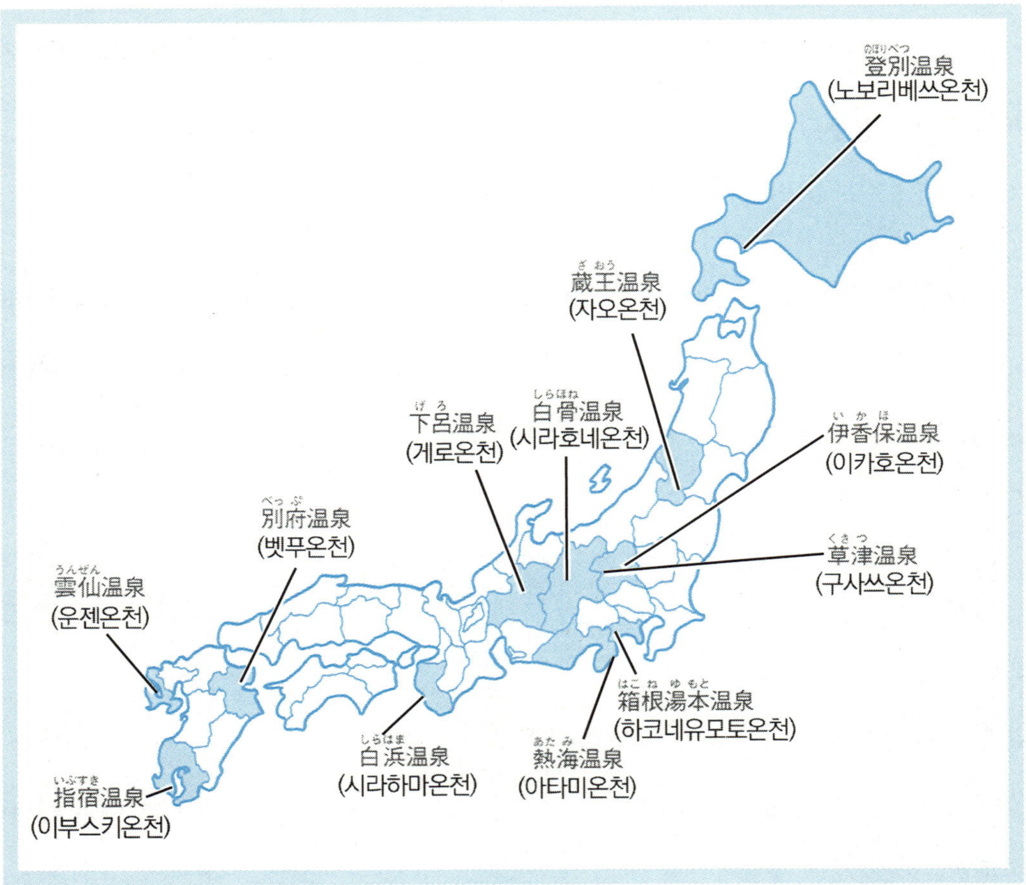

12 相撲(스모)

相撲(すもう)とは日本(にほん)の国技(こくぎ)で、直径(ちょっけい)4.55 mの円形(えんけい)の土俵(どひょう)の中(なか)で、「まわし」を締(し)めた二人(ふたり)が組(く)み合(あ)って勝(か)ち負(ま)けを競(きそ)い合(あ)うスポーツです。

스모란 일본의 국기로, 직경 4.55m의 원형 모래판 안에서 「샅바」를 맨, 두 사람이 맞붙어 승부를 겨루는 스포츠입니다.

大相撲(おおずもう)(일본스모협회가 주최하는 스모대회)

本場所(ほんばしょ)は２ヵ月(げつ)に一度(いちど)、奇数月(きすうげつ)に開催(かいさい)されます。1年間(ねんかん)に6回(かい)です。各場所(かくばしょ)15日間(にちかん)ですから、年間(ねんかん)で90日(にち)になります。

혼바쇼는 2개월에 한 번, 홀수 달에 개최됩니다. 즉 1년에 여섯 번입니다. 각 바쇼는 15일간이기 때문에, 연간 90일 동안 진행됩니다.

개최 월	명칭	개최 장소
1월	初場所(하쓰바쇼)	国技館
3월	春場所(하루바쇼)	大阪府立体育会館
5월	夏場所(나쓰바쇼)	国技館
7월	名古屋場所(나고야바쇼)	愛知県体育館
9월	秋場所(아키바쇼)	国技館
11월	九州場所(규슈바쇼)	福岡国際センター

呼び出し(요비다시)

四股(시코)

塩まき(시오마키)

競技(경기)

行司(교지)

軍配(군바이)

相撲の競技場(스모 경기장)

土を盛って作る相撲の競技場です。

흙을 쌓아 만든 스모 경기장입니다.

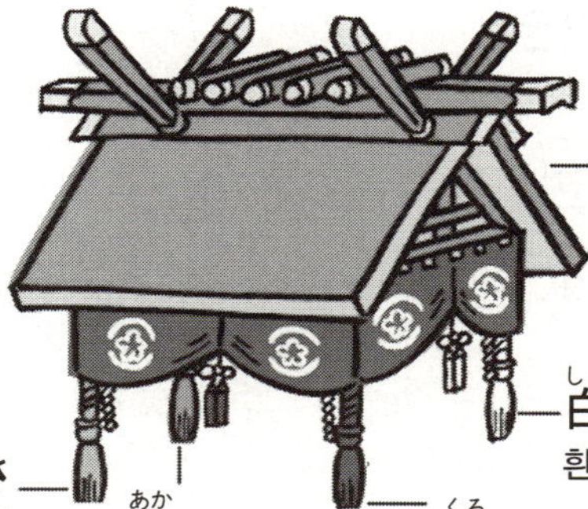

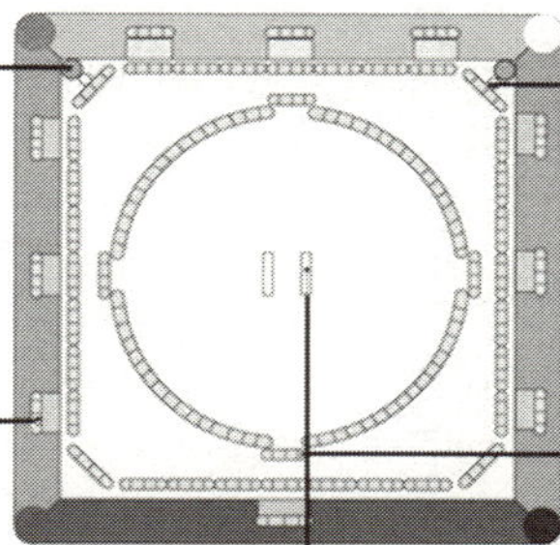

力士(스모 선수)

力士は古式に従って、昔の髪型の髷を結い、

腰部にまわしと呼ぶ布を巻き付ける以外は裸体となります。

스모 선수는 옛날방식에 따라, 옛날 머리모양인 상투를 틀어 올리고, 허리 부분에 샅바라는 천을 휘감은 것 외에는 벌거벗은 상태가 됩니다.

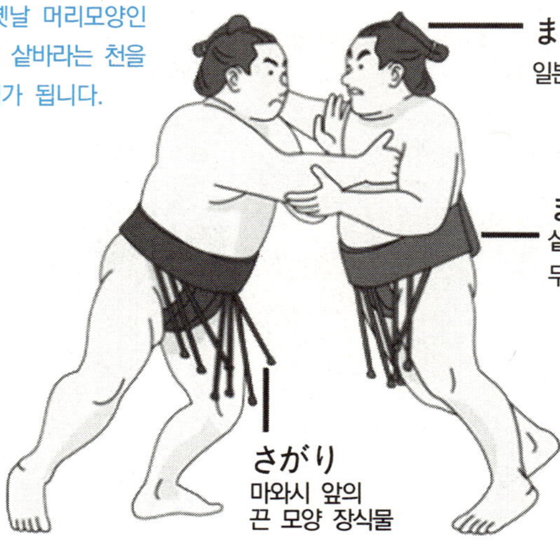

技(기술)

土俵から出るか、倒れるか、地面にひざから上がついた場合、もしくは反則を行った場合負けとなり、その判定は行司が行います。

스모 경기장에서 나가든지, 넘어지든지, 지면에 무릎 위가 닿은 경우, 혹시 반칙을 한 경우에는 패하게 되고, 그 판정은 교지가 합니다.

寄り切り
(요리키리)

押し出し
(오시다시)

はたき込み
(하타키코미)

外掛け
(소토가케)

上手投げ
(우와테나게)

すくい投げ
(스쿠이나게)

吊り出し
(쓰리다시)

送り出し
(오쿠리다시)

とったり
(돗타리)

番付(순위표)

番付は大相撲における力士の順位表です。最高位は横綱。次が大関。以下、関脇、小結(大関・関脇・小結を三役と呼びます)、前頭と続きます。

반즈케는 일본스모협회에서 발표하는 스모선수들의 순위표입니다. 최고위는 요코즈나. 다음이 오제키. 이하 세키와케, 고무스비(오제키・세키와케・고무스비를 삼역이라 합니다), 마에가시라로 이어집니다.

구분	지위		정원
関取(세키토리)	幕内(마쿠우치)	① 横綱(요코즈나)	42명
		② 大関(오제키)	
		③ 関脇(세키와케)	
		④ 小結(고무스비)	
		⑤ 前頭(마에가시라)	
	⑥ 十両(주료)		28명
力士養成員(리키시양성원)	⑦ 幕下(마쿠시타)		120명
	⑧ 三段目(산단메)		200명
	⑨ 序二段(조니단)		없음
	⑩ 序の口(조노구치)		없음

13 祭り(축제)

祭りとは、感謝や祈り、慰霊のために神仏および祖先を祭る行為(儀式)です。

축제란, 감사나 기도, 영혼을 위로하기 위해 신과 부처 혹은 조상을 모시는 행위(의식)입니다.

日本ほど祭りの多い国も珍しいです。各地に根づいた伝統的な祭りから、近年、民間で始められた「浴衣祭り」や「温泉祭り」まで、多彩な祭りがあって、毎日、日本のどこかで祭りが行われていると言っても言い過ぎではないです。

일본만큼 축제가 많은 나라도 드물 것입니다. 각 지역에 뿌리내린 전통적인 축제에서 최근 민간에서 시작된 「유카타 축제」나 「온천 축제」까지, 다양한 축제가 있고, 일본 어딘가에서는 매일 축제가 열리고 있다고 해도 과언이 아닙니다.

もともと日本の祭りは、農耕儀礼に由来する農村の春の豊作祈願祭や秋の収穫祭が中心で、その後、悪霊、疫病を払うための都市の夏祭が加わりました。

원래 일본의 축제는, 농경의례에서 유래한 농촌의 봄 풍작기원제나 가을 추수감사제가 중심이며, 그 뒤 악령, 유행성 전염병을 제거하기 위한 도시의 여름축제가 더해졌습니다.

祭りは、その土地の居住者の繁栄と結束を願うものでしたが、江戸時代以降、しだいに形骸化し、祭りは日々の暮らしに区切りをつける一種のレクリエーションとなりました。

축제는, 그 지역에 거주하는 사람들의 번영과 단합을 바라는 것이었지만, 에도 시대 이후, 점차 유명무실화되고, 축제는 하루하루의 삶 속에 단락을 짓는 일종의 레크리에이션이 되었습니다.

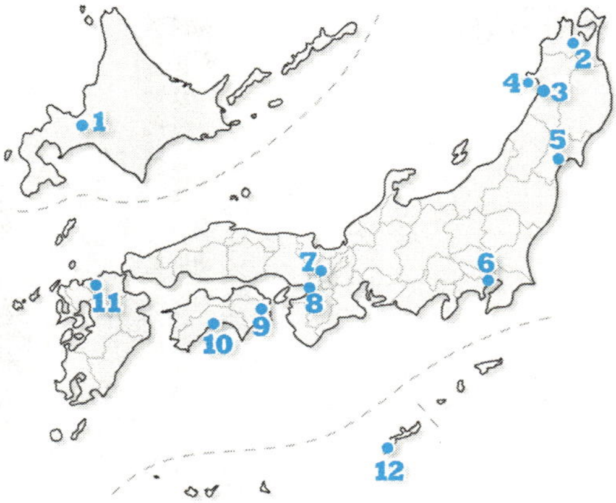

	지역	축제이름
1	北海道札幌市(홋카이도 삿포로시)	札幌雪祭り(삿포로 유키마쓰리)
2	青森県青森市(아오모리현 아오모리시)	ねぶた祭り(네부타마쓰리)
3	秋田県男鹿市(아키타현 오가시)	なまはげ(나마하게)
4	秋田県秋田市(아키타현 아키타시)	秋田竿燈祭り(아키타칸토마쓰리)
5	宮城県仙台市(미야기현 센다이시)	仙台七夕祭り(센다이타나바타마쓰리)
6	東京都台東区(도쿄도 다이토구)	ほおずき市(호즈키이치)
7	京都府京都市(교토후 교토시)	祇園祭り(기온마쓰리)
		大文字五山送り火(다이몬지고산노오쿠리비)
8	大阪府大阪市(오사카후 오사카시)	天神祭り(덴진마쓰리)
9	徳島県徳島市(도쿠시마현 도쿠시마시)	阿波祭り(아와마쓰리)
10	高知県高知市(고치현 고치시)	よさこい祭り(요사코이마쓰리)
11	福岡県福岡市(후쿠오카현 후쿠오카시)	博多どんたく(하카타돈타쿠)
12	沖縄県(오키나와현)	エイサー(에이사)

お祭りの衣装(축제의상)

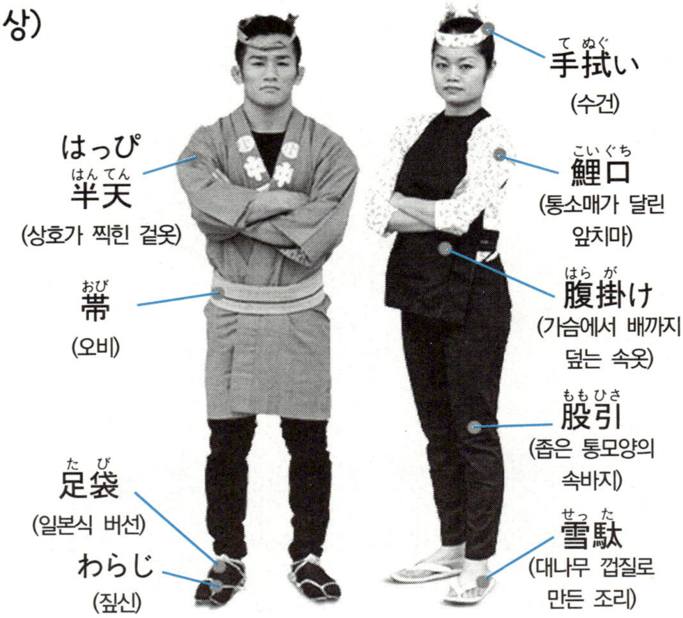

神輿(미코시)

日本の祭りには、神輿がつきものです。神様が乗っている輿だから「神輿」なんだそうです。

일본의 축제에는 미코시가 등장합니다. 신이 타고 있는 가마이기 때문에 「미코시」라고 한답니다.

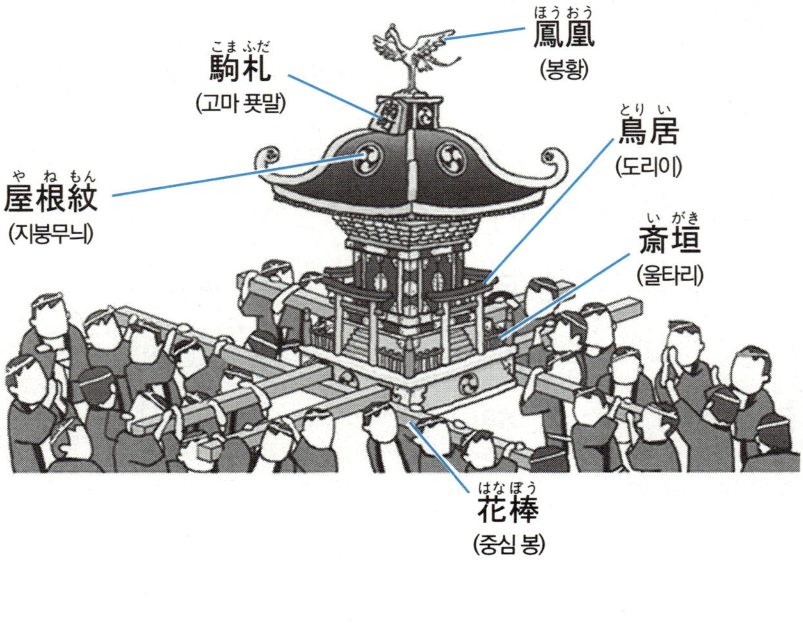

山車(다시)

山車というのは、花や人形などの飾り物をつけた台車です。神様が鉾に降臨すると信じられています。

다시는 꽃이나 인형 같은 장식물을 매단 수레입니다. 신이 호코를 통해 강림한다고 믿고 있습니다.

14 花火(불꽃놀이)

夏の夜の風物詩と言えば花火です。漆黒の空に広がる色とりどりの大輪の花はとても美しいものです。

여름밤의 풍물시라고 하면 불꽃놀이입니다. 칠흑 같은 밤하늘에 펼쳐지는 형형색색의 큰 꽃송이 같은 불꽃은 너무나 아름답습니다.

日本に花火が登場するのは16世紀です。種子島へ鉄砲が伝わった時以降とされていますが、確かな記録は残っていません。

일본에 폭죽이 등장한 것은 16세기입니다. 다네가시마로 총이 전해진 이후로 추정되지만, 확실한 기록은 남아 있지 않습니다.

はじめはもっぱら戦の道具として使われていた「火薬」が、江戸時代になり世の中が平和になると、「花火」へと変化していき、最初の花火専門店「鍵屋」や「玉屋」が登場したのを皮切りに、庶民の花火文化は本格的に花開いていきました。

처음에는 오로지 전쟁의 도구로써 사용되었던 화약이, 에도 시대가 되면서 세상이 평화로워지자, 「폭죽」으로 바뀌었고, 최초의 폭죽 전문점 「가기야」나 「다마야」가 등장한 것을 시작으로, 서민들의 불꽃놀이문화가 본격적으로 번성하게 되었습니다.

時代劇などで花火を打ち上げるさいに観客が「たまやー！かぎやー！」と声をあげるのは、花火のお店の名前から来ているのです。

사극 같은 데서 폭죽을 쏘아 올릴 때 관객들이 「다마야! 가기야!」라고 외치는 것은, 폭죽가게의 이름에서 유래된 것입니다.

V 社会
사회

1 教育(교육)

日本では文部省と教育委員会が全国を管轄して、基本的には小学校(6年)・中学校(3年)・高等学校(3年)・大学(4年)と言う形をとっています。ほかに短大(2年)などがあり、幼児を対象としては幼稚園や保育所などもあります。

일본에서는 문부성과 교육위원회가 전국을 관할하고, 기본적으로는 초등학교・중학교・고등학교・대학교라는 형태를 취하고 있습니다. 이외에도 전문대학 등이 있고, 유아를 대상으로 하는 유치원이나 보육원 등도 있습니다.

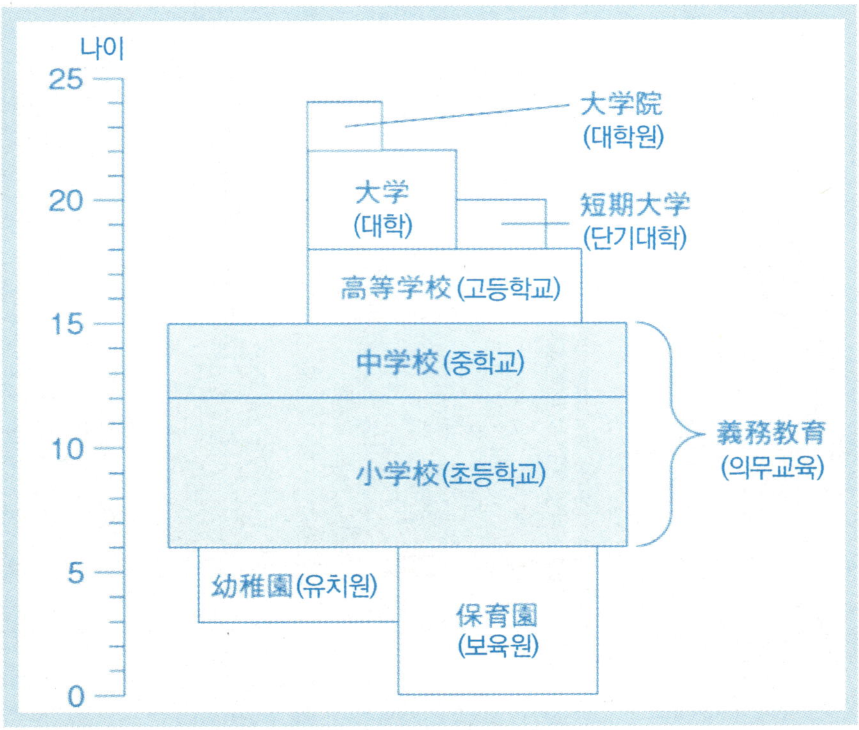

義務教育(의무교육)

日本の教育は韓国と同じように、小学校から中学校までの９年間が義務教育となっています。義務教育を終えると、高等学校に入ります。各科目を広く学習する普通高校のほか、工業などの専門知識を主体に学習するものなどさまざまです。

일본의 교육은 한국과 마찬가지로 초등학교에서 중학교까지의 9년간이 의무교육으로 되어 있습니다. 의무교육이 끝나면 고등학교에 들어갑니다. 각 과목을 폭넓게 공부하는 일반 고등학교 외에, 공업 등의 전문지식을 위주로 공부하는 고등학교 등의 여러 형태가 있습니다.

学期制(학기제)

日本の１学年度は４月に始まって３月に終わり、１年は３学期に分けられています。つまり、4月から7月を1学期、9月から12月を2学期、1月から3月を3学期としています。各学期の間には夏休み、冬休み、春休みがあります。

일본의 한 학년은 4월에 시작하여 3월에 끝나고, 1년은 3학기로 나누어져 있습니다. 즉 4월부터 7월까지를 1학기, 9월부터 12월까지를 2학기, 1월부터 3월까지를 3학기로 하고 있습니다. 각 학기 사이에는 여름방학, 겨울방학, 봄방학이 있습니다.

大学(대학교)

日本の大学・短大進学率は1960年は10.3%でありましたが、1963年には15%を超え、1976年には38.6%まで急進しました。この急激な大学進学率の伸びは、第一に学校教育システムの単線化、第二に経済成長による家計の所得の伸びにより大学進学が容易になったこと、第三に国民に浸透した平等概念などが考えられます。

일본의 대학・전문대학 진학률은 1960년에는 10.3%였지만, 1963년에는 15%를 넘었고, 1976년에는 38.6%까지 급상승하였습니다. 이 급격한 대학진학 상승률은, 첫 번째로 학교교육시스템의 획일화, 두 번째로 경제성장에 의한 가계 소득의 상승에 의해 대학진학이 용이하게 된 점, 세 번째로 국민에게 침투한 평등개념 등을 생각할 수 있습니다.

しかしながら、出生率の低下による人口減少社会に直面しています。統計的には入学定員と志願者がほぼ同様になりました。

그렇지만 출생률 저하에 따른 인구감소사회에 직면하고 있습니다. 통계적으로는 대학 입학정원과 지원자 수가 거의 같아졌습니다.

日本の大学では、卒業要件単位数が124~130単位とする大学が約3分の2、130~139単位が約3分の1であり、140~149単位以上とする大学が約5%存在します。

대학에서는 졸업요건 학점 수를 124~130학점으로 하는 대학이 약 2/3, 130~139학점이 약 1/3이고, 140~149학점 이상인 대학이 약 5% 존재합니다.

2 いじめ(이지메)

自分より弱い者に対して暴力やいやがらせを加え、身体的・心理的に苦痛を与える行為です。

자신보다 약한 상대에 대해 폭력이나 일부러 싫어하는 짓을 굳이 하여, 신체적・심리적으로 고통을 주는 행위입니다.

いじめの種類(이지메의 종류)

① 暴力(폭력)

暴力行為が伴ういじめです。例えば「小突く」「押す」「つねる」「叩く」「殴る」「蹴る」などの行為が伴います。本で頭を叩く、髪の毛を引っ張る、ほうきや傘などで叩く、また「プロレスごっこ」と称して首をしめるなどの非常に危険なものもあります。

폭력행위를 동반한 이지메입니다. 예를 들면 「쿡 찌른다」 「민다」 「꼬집는다」 「친다」 「때린다」 「찬다」 등의 행위가 동반됩니다. 책으로 머리를 때리고, 머리카락을 당기고, 빗자루나 우산 등으로 때리고, 또 「프로레슬링 놀이」라고 해서 목을 조르는 등의 매우 위험한 경우도 있습니다.

② 言葉(말)

- 『悪口』を言う(욕을 한다)

「チビ」「デブ」など身体的特徴を揶揄するような言葉や「バイ菌」「汚い」など人を侮蔑する言葉でからかいます。

「땅꼬마」「못난이」 등 신체적인 특징으로 야유하는 듯한 말이나 「세균」「더럽다」 등 사람을 모멸하는 말로써 조롱합니다.

- 笑い者にする(바보 취급한다)

人と少しでも違うことを大袈裟に取り上げて、バカにしたり笑い者にするようないじめです。

남들과 조금이라도 다른 것을 과대포장해서 끄집어내어, 바보 취급하거나 웃음거리로 만드는 이지메입니다.

- 悪いウワサを流す(나쁜 소문을 퍼뜨린다)

③ 無視(무시)

仲間はずれにしたり、話かけても聞えないふりをして無視するといったいじめです。その子の存在を否定する行為が続くため、精神的ダメージが大きいようです。

동료들한테 따돌림을 받거나, 말을 걸어도 들리지 않는 듯한 행동을 해서 무시하는 이지메입니다. 그 아이의 존재를 부정하는 행위가 계속되기 때문에 정신적으로 큰 데미지를 입습니다.

3 ノーベル賞 (노벨상)

ノーベル賞は、ダイナマイトの発明者として知られるアルフレッド・ノーベルの遺言に従って1901年から始まった世界的な賞です。

노벨상은 다이너마이트의 발명자로 알려진 알프레드 노벨의 유언에 따라 1901년부터 시작된 세계적인 상입니다.

1901年から始まり直近の2016年に至るノーベル賞の歴史の中で、日本は非欧米諸国の中で最も多い25名の受賞者を輩出しております。

1901년부터 시작되어 최근인 2016년에 이르는 노벨상의 역사 속에서, 일본은 서구 이외의 나라 중에서 가장 많은 25명의 수상자를 배출하였습니다.

21世紀以降、自然科学部門の国別では米国に続いて世界第2位のノーベル賞受賞者数を誇ります。ただし、経済学賞を受賞した日本人はおらず、また女性でノーベル賞を受賞した日本人もいないです。

21세기 이후, 자연과학부분의 국가별 순위에서는 미국에 이어 세계 제2위의 노벨수상자 수를 자랑합니다. 다만 경제학상을 수상한 일본인은 없고, 또 여성으로 노벨상을 수상한 일본인도 없습니다.

物理学賞(ぶつりがくしょう)(물리학상)

연도	이름	수상 이유
1949년	湯川秀樹(ゆかわひでき) 유카와 히데키	中間子の存在の予想 중간자의 존재의 예상
1965년	朝永振一郎(ともながしんいちろう) 도모나가 신이치로	量子電気力学分野での基礎的研究 양자 전기 역학 분야에서의 기초적 연구
1973년	江崎玲於奈(えさきれおな) 에사키 레오나	半導体におけるトンネル効果の実験的発見 반도체에 있어서의 터널효과의 실험적 발견
2002년	小柴昌俊(こしばまさとし) 고시바 마사토시	天体物理学、特に宇宙ニュートリノの検出に対するパイオニア的貢献 천체물리학, 특히 우주 중성미자의 검출에 대한 선구자적 공헌
2008년	小林誠(こばやしまこと) 고바야시 마코토 益川敏英(ますかわとしひで) 마스카와 도시히데	小林・益川理論とCP対称性の破れの起源の発見による素粒子物理学への貢献 고바야시・마스카와 이론과 CP 대칭성 파괴의 기원의 발견에 의한 소립자 물리학에 대한 공헌
2014년	赤崎勇(あかさきいさむ) 아카사키 이사무 天野浩(あまのひろし) 아마노 히로시	高輝度で省電力の白色光源を可能にした青色発光ダイオードの発明 에너지 효율성이 높은 청색 발광 다이오드의 발명
2015년	梶田隆章(かじたたかあき) 가지타 다카아키	ニュートリノが質量を持つことを示すニュートリノ振動の発見 중성미자가 질량이 있다는 것을 나타내는 중성미자 진동의 발견

化学賞(かがくしょう)(화학상)

연도	이름	수상 이유
1981년	福井謙一(ふくいけんいち) 후쿠이 겐이치	化学反応過程の理論的研究 화학반응과정의 이론적 연구

연도	이름	수상 이유
2000년	しらかわひでき 白川英樹 시라카와 히데키	導電性高分子の発見と発展 전도성 고분자의 발견과 발전
2001년	のよりりょうじ 野依良治 노요리 료지	キラル触媒による不斉反応の研究 키랄 촉매에 의한 비대칭 반응의 연구
2002년	たなかこういち 田中耕一 다나카 고이치	生体高分子の同定および構造解析のための手法の開発 생체고분자의 동정 및 구조 해석을 위한 수법의 개발
2008년	しもむらおさむ 下村脩 시모무라 오사무	緑色蛍光タンパク質(GFP)の発見と生命科学への貢献 녹색 형광 단백질(GFP)의 발견과 생명과학에 대한 공헌
2010년	ねぎしえいいち 根岸英一 네기시 에이이치 すずきあきら 鈴木章 스즈키 아키라	クロスカップリングの開発 크로스 커플링의 개발

生理学・医学賞(생리학・의학상)

(せいりがく いがくしょう)

연도	이름	수상 이유
1987년	とねがわすすむ 利根川進 도네가와 스스무	多様な抗体を生成する遺伝的原理の解明 다양한 항체를 생성하는 유전적 원리의 해명
2012년	やまなかしんや 山中伸弥 야마나카 신야	様々な細胞に成長できる能力を持つiPS細胞の作製 다양한 세포로 성장할 수 있는 능력을 가진 유도만능줄기세포의 제작
2015년	おおむらさとし 大村智 오무라 사토시	線虫の寄生によって引き起こされる感染症に対する新たな治療法に関する発見 선충의 기생에 의해서 일으키는 감염병에 대한 새로운 치료법 발견
2016년	おおすみよしのり 大隅良典 오스미 요시노리	オートファジーの仕組みの解明 오토파지의 메커니즘 발견

文学賞(ぶんがくしょう)(문학상)

연도	이름	수상 이유
1968년	川端康成(かわばたやすなり) 가와바타 야스나리	『伊豆の踊子』『雪国』など、日本人の心情の本質を描いた、非常に細な表現による叙述の卓越さに対して 『이즈의 무희』『설국』 등 일본인 심리의 본질을 그린 매우 섬세한 표현에 의한 서술의 탁월함
1994년	大江健三郎(おおえけんざぶろう) 오에 겐자부로	『個人的な体験』『万延元年のフットボール』など、詩的な言語を用いて現実と神話の混交する世界を創造し、窮地にある現代人の姿を、見る者を当惑させるような絵図に描いた功績に対して 『개인적인 체험』『만연원년의 풋볼』 등 시적인 언어를 이용하여 현실과 신화가 뒤섞인 세계를 창조하고 궁지에 내몰린 현대인의 모습과, 보는 이를 당혹시키는 그림을 그린 공적

平和賞(へいわしょう)(평화상)

연도	이름	수상 이유
1974년	佐藤英作(さとうえいさく) 사토 에이사쿠	非核三原則の提唱 비핵 3원칙의 제창

物理学賞(ぶつりがくしょう)(元日本国籍の受賞者; 물리학상)

연도	이름	수상 이유
2008년	南部陽一郎(なんぶよういちろう) 난부 요이치로	素粒子物理学における自発的対称性の破れの発見 소립자 물리학에 있어서의 자발적 대칭성 깨짐의 발견
2014년	中村修二(なかむらしゅうじ) 나카무라 슈지	高輝度で省電力の白色光源を可能にした青色発光ダイオードの発明 고휘도 청색 발광 다이오드와 청자색 반도체 레이저 발명

4 お金(돈)

硬貨(동전)

日本のお金の単位は「円」です。日本で使用されている硬貨は、500円、100円、50円、10円、5円、1円などの6種類があります。

일본의 화폐 단위는 「엔」입니다. 일본에서 사용되고 있는 동전은, 500엔, 100엔, 50엔, 10엔, 5엔, 1엔 등의 6종류입니다.

1円玉から500円玉まで、主に古くから馴染みのある植物をデザイン化した絵が描かれています。

1엔 동전에서 500엔 동전까지, 주로 옛날부터 친숙한 식물을 디자인화한 그림이 그려져 있습니다.

500円玉の表には桐、100円玉の表には桜、50円玉の表には菊、10円玉の表には平等院鳳凰堂とそれを囲む唐草、その裏には常磐木、5円玉の表には稲穂と歯車とみず、裏には双葉が描かれています。少し異色なのが1円玉で、これは「若木」となっていて特定の植物がモデルというわけではありません。

500엔 동전의 겉면은 오동나무, 100엔 동전의 겉면은 벚꽃, 50엔 동전의 겉면은 국화, 10엔 동전의 겉면은 뵤도인 봉황당과 그것을 둘러싼 당초, 그 뒷면에는 상록수, 5엔 동전의 겉면은 벼이삭과 톱니바퀴와 물, 뒷면에는 떡잎이 그려져 있습니다. 조금 이색적인 것은 1엔 동전으로, 이것은 그냥 어린나무이며, 특정한 식물이 모델이 된 것은 아닙니다.

1円(1엔)

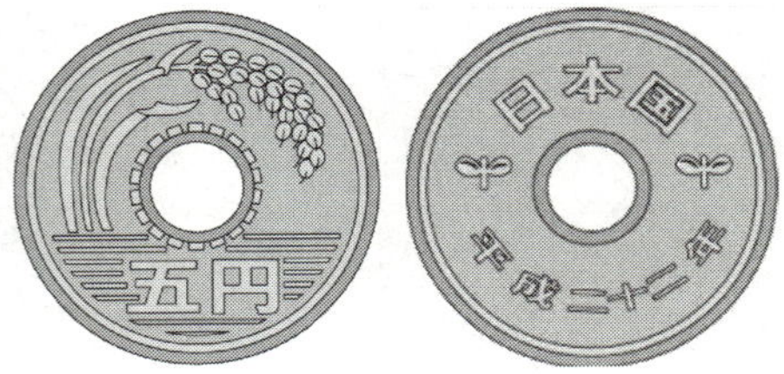

5円(5엔)

10円(10엔)

50円(50엔)

100円(100엔)

500円(500엔)

紙幣(지폐)

紙幣の種類は1万円、5千円、2千円、千円などの4種類があります。1万円札の表面の肖像は福沢諭吉で、裏面の絵柄は京都にある平等院鳳凰堂です。5千円札は2004年から新しく樋口一葉になりました。2千円札は第26回主要国首脳会談(沖縄サミット)と西暦2000年を記念して造られた記念紙幣です。

紫式部と図柄が沖縄の首里城です。しかし便利性がないということで、今では使われなくなりました。千円札も新しく野口英世になり、日本を代表する富士山と桜が描かれています。

지폐의 종류는 만 엔, 5천 엔, 2천 엔, 천 엔 등의 4종류입니다. 만 엔 지폐의 겉면 초상화는 후쿠자와 유키치이고, 뒷면의 도안은 교토에 있는 뵤도인 봉황당입니다. 5천 엔 지폐는 2004년부터 새롭게 히구치 이치요로 바뀌었습니다. 2천 엔 지폐는 제26회 주요국 수뇌회담(오키나와 서밋)과 서기 2000년을 기념해서 만들어진 기념지폐입니다. 무라사키 시키부와 오키나와 슈리성을 도안했습니다. 그러나 편리성이 없다는 이유로, 현재는 사용하지 않고 있습니다. 천 엔 지폐도 노구치 히데요로 새롭게 바뀌었고, 일본을 대표하는 후지산과 벚꽃이 그려져 있습니다.

2004年に20年ぶりに新札の発行がありましたが、偽造の防止のためと経済効果を狙ってのことだと言われています。

2004년에는 20년 만에 새로운 지폐를 만들었는데 위조방지를 위한 목적과 경제효과를 겨냥한 것이라고 합니다.

千円(천 엔)

二千円(이천 엔)

ごせんえん
五千円(오천 엔)

いちまんえん
一万円(만 엔)

5 アニメ(애니메이션)

1958年10月15日、カラーテレビ放送の実験放送用として作成された『もぐらのアバンチュール』(日本テレビ)が放送されました。これが日本初のカラーテレビアニメーションです。

1958년 10월 15일, 컬러텔레비전 방송의 실험방송용으로 만들어진 『두더지 아방튀르』(니혼 텔레비전)가 방송되었습니다. 이것이 일본 최초의 컬러텔레비전 애니메이션입니다.

東映動画は、1958年から劇場用アニメーション映画の製作を開始し、長編アニメ映画『白蛇伝』が製作され海外へも輸出されました。一方、1963年には本格的連続テレビアニメ『鉄腕アトム』を製作しています。

도에 영화사는, 1958년부터 극장용 애니메이션 영화를 제작하여, 장편 애니메이션 영화 『백사전』을 해외로도 수출하게 되었습니다. 한편, 1963년에는 본격적인 연속 텔레비전 애니메이션 『철완 아톰』을 제작하였습니다.

1970年代に入ると、テレビの名場面が再び劇場の大スクリーンで見られるというだけで、喜んで劇場まで足を運びました。比較的有名な再編集アニメ映画には、『宇宙戦艦ヤマト(1977年)』があります。同作品と翌年公開された『さ

らば宇宙戦艦ヤマト ― 愛の戦士たち―』は大成功を収め社会現象となりました。この成功でアニメが一般社会に認められることとなり、この後に日本でアニメーション映画が多数作られる切っ掛けにもなりました。

1970년대에 들어서자, 텔레비전의 명장면을 다시 극장의 대형 스크린으로 볼 수 있다는 이유로, 즐거이 극장까지 찾아왔습니다. 비교적 유명한 재편집 애니메이션 영화로는『우주전함 야마토』가 있습니다. 이 작품과 다음 해에 공개된『안녕 우주전함 야마토 — 사랑의 전사들 —』이 큰 성공을 거두면서 널리 유행하였습니다. 이의 성공으로 애니메이션이 사회적으로 인정받게 되고, 이후에 일본에서 애니메이션 영화를 많이 만들게 된 동기가 되었습니다.

1980年代は再編集アニメに加え、『AKIRA』など、新作映画も多く作られました。この他、東映まんがまつりに代表される、テレビアニメでの人気作の新作を映画にしました。これなどの作品はアニメ愛好者よりは子どもを中心とした家族を狙った作品が多いです。1990年代から成功を続けている宮崎駿作品の『風の谷のナウシカ(1984年)』、『天空の城ラピュタ(1986年)』、『となりのトトロ(1988年)』、『魔女の宅急便(1989年)』などが登場したのもこの時代です。『ドラえもん』の劇場用長編も公開が始まっています。

1980년대에는 재편집한 애니메이션에 더해,『AKIRA』등, 새로운 영화도 많이 제작되었습니다. 이외에, 도에 만화축제로 대표되는, 텔레비전 애니메이션에서 인기를 끈 새로운 작품을 영화로 만들었습니다. 이와 같은 작품들은 애니메이션 애호가보다는 아이들을 중심으로 한 가족을 겨냥한 작품이 많습니다. 1990년대부터 성공을 거듭하던 미야자키 하야오의 작품『바람 계곡의 나우시카』『천공의 성 라퓨타』『이웃집 도토로』『마녀의 특급편』등이 등장한 것도 이 시기입니다.『도라에몽』의 극장용 장편도 공개되기 시작했습니다.

1990年代のアニメーション映画は、本数は増加したが、高年齢層を狙った作品は少なく、児童・家族向けの作品が多かったです。アニメ映画は観客の層が偏り、資本の回収が困難なことが多く、また、高年齢層のアニメ愛好者は劇場に足を運ぶよりは自宅でビデオで繰り返し見るほうを好んだため、製作側が自然とテレビアニメやOVAを重点に置き始めたためだと考えられます。1990年代はアニメーション映画はほぼ毎年日本映画の興行成績の上位に位置しており、1991年は『おもひでぽろぽろ』を始めとして、1992年は『紅の豚』、1994年は『平成狸合戦ぽんぽこ』、1995年は『耳をすませば』、1997年は『もののけ姫』が、その年の日本映画興行成績の最上位を記録しています。

1990년대의 애니메이션 영화는, 숫자는 증가했지만 고연령층을 겨냥한 작품은 적고, 아동이나 가족을 겨냥한 작품이 많았습니다. 애니메이션 영화는 관객층이 한쪽으로 기울고, 자본의 회수가 곤란한 경우가 많았으며 고연령층 애니메이션 애호가들은 극장으로 오기보다는 자택에서 비디오로 반복해서 보는 것을 좋아해서 제작하는 쪽에서는 자연스럽게 텔레비전 애니메이션이나 OVA에 중점을 두기 시작했기 때문이라고 생각할 수 있습니다. 1990년대는 애니메이션 영화가 거의 매년 일본영화에서 흥행성적의 상위를 차지하고 있고, 1991년에는 『추억은 방울방울』을 비롯해서, 1992년에는 『빨간 돼지』, 1994년에는 『헤이세이 너구리 전쟁 폼포코』, 1995년에는 『귀를 기울이면』, 1997년에는 『모노노케히메』가, 그해의 일본영화 흥행성적의 최상위를 기록하였습니다.

2000年代になると、アニメなしでは日本映画は成り立たないとまで言われるほど、アニメの比重が増加しました。

『千と千尋の神隠し』(2001、ベルリン国際映画祭金熊賞、アカデミー長編アニメーション映画賞)など、もっぱら宮崎駿、高畑勲らの製作監督になるこれらの作品は、着想、作画、物語展開、技術処理などに独創性を発揮して広い客層の支持を得ました。2002年度の日本映画の興行収入10位までの内6本がアニメで、1位と2位、4位、5位は全てアニメでした。

2000년대가 되자, 일본영화는 애니메이션 없이는 존재할 수 없다는 말을 들을 정도로 애니메이션의 비중이 커졌습니다. 『센과 치히로의 행방불명』 등, 미야자키 하야오, 다카하타 이사오 등이 제작감독이 되어 만든 작품은, 착상, 그림그리기, 이야기의 전개, 기술처리 등에서 독창성을 발휘하여 폭넓은 관객들의 호응을 받았습니다. 2002년도 일본영화 흥행수입의 10위까지 중에서 6편이 애니메이션으로, 1위와 2위, 3위와 5위가 모두 애니메이션이었습니다.

6 鉄道(철도)

日本は鉄道をよく利用する国です。日本で一番利用されるのはJR新宿駅で、1日だけで70万人以上の人々が乗り降りします。これは世界一と言われています。

일본은 철도를 많이 이용하는 나라에 속합니다. 일본에서 가장 많은 사람들이 이용하는 JR 신주쿠역에서는, 하루에만 무려 70만 명 이상의 사람들이 타고내립니다. 이것은 세계 제일이라고 합니다.

日本の鉄道の特徴は何といっても運行時刻の正確さにあります。たとえば、新宿駅では朝や夕方では3分程度で電車が来ますが、ほとんど遅れることはありません。これは新幹線も同じです。外国の人が日本の列車に乗るとその正確さには驚きます。外国では数分程度の遅れは、遅れたうちに入らないことが多いからです。

일본 철도의 특징은 뭐라고 해도 운행시간의 정확함에 있습니다. 예를 들면 신주쿠역에서는 아침이나 저녁에는 3분 간격으로 전차가 다니지만, 늦는 경우는 거의 없습니다. 이것은 신칸센도 마찬가지입니다. 외국인들이 일본 열차를 이용하면서, 그 정확성에 놀랍니다. 외국에서는 몇 분 정도의 지연은 늦은 편에 들지 않는 경우가 많기 때문입니다.

また、安全性も評判です。新幹線ができたのは1964年ですが、大きな事故はありません。時刻に正確で安全性も優れているのが日本の鉄道です。

또 안전성에 대한 평가도 좋습니다. 신칸센이 생긴 것은 1964년인데 아직 큰 사고는 없었습니다. 시간이 정확하고 안전성도 뛰어난 것이 일본 철도입니다.

最寄り駅(もよりえき)

가장 가까운 역

時刻表(じこくひょう)

시간표

駅員(えきいん)

역무원

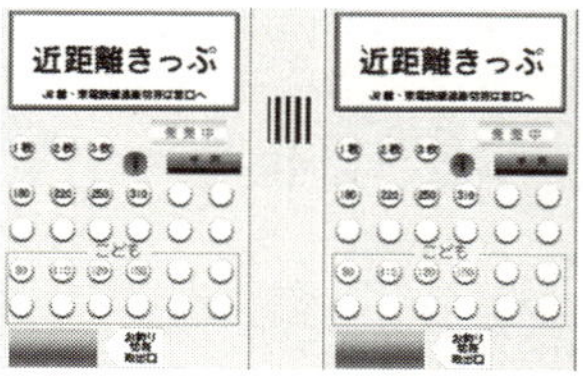

自動販売機(じどうはんばいき)

자동판매기

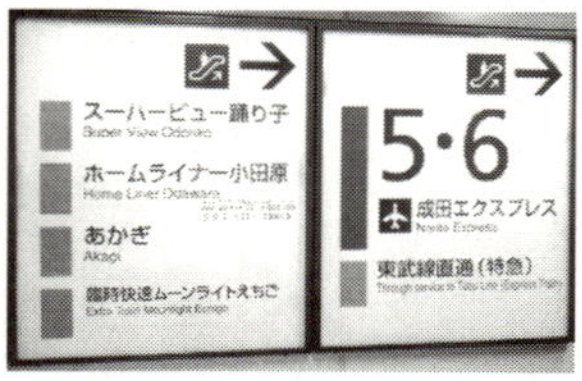

~番線(ばんせん)

~번선

改札口(かいさつぐち)

개찰구

切符(きっぷ)

차표

乗車券(じょうしゃけん)

승차권

回数券(かいすうけん)

회수권

定期券(ていきけん)

정기권

始発(しはつ)

출발역

終点(しゅうてん)

종점

新幹線(신칸센)

今、新幹線は日本各地をつないでいます。時速は300㎞を超えます。ただ、新幹線ができる十数年前まで、日本の鉄道の最高速度は100㎞にも届いていませんでした。その頃の外国に比べてかなり遅いスピードでした。それが新幹線建設と共に技術開発が進み、最初の東海道新幹線の最高速度は時速210㎞と、世界で初めて200㎞を超えました。この技術の高さは世界でも驚かれました。

지금, 신칸센은 일본 각지로 연결되어 있습니다. 시속 300㎞가 넘습니다. 신칸센이 생기기 십수 년 전까지는 일본 철도의 최고속도는 100㎞에도 미치지 못했습니다. 당시의 외국에 비해서 상당히 늦은 속도였습니다. 그러나 신칸센 건설과 함께 기술이 개발되고, 최초인 도카이도 신칸센의 최고 속도는 시속 210㎞로, 세계에서 처음으로 200㎞를 넘었습니다. 이 고급기술에 세계가 놀라워했습니다.

ちなみに今も新幹線の技術の開発は進んでおり、最近では中国やイギリスなどに新幹線を輸出しています。日本の技術が世界で役立っているのです。

이와 관련하여 지금도 신칸센은 기술개발이 추진되고 있고, 최근에는 중국이나 영국 등에 신칸센을 수출하고 있습니다. 일본의 기술이 세계적으로 도움이 되고 있는 것입니다.

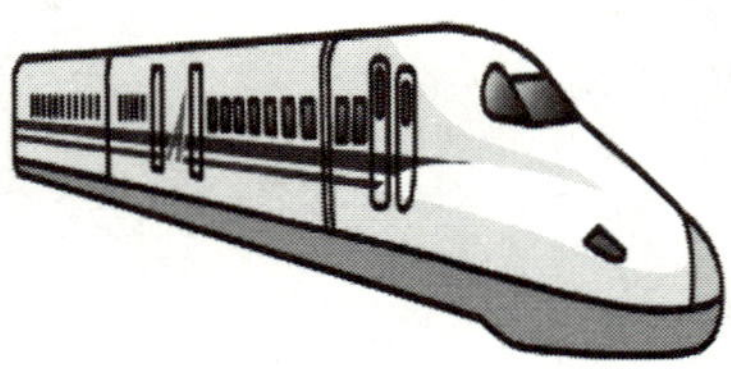

新幹線

신칸센

特急電車

특급전차

急行電車

급행전차

普通電車

보통전차

青函トンネル(세이칸 터널)

北海道と本州は鉄道でつながっています。もちろん海の上を鉄道が走っているわけではありません。海の下に海底トンネルが通っているのです。青函トンネルと言われているこのトンネルの長さは53.9kmです。海底部をもつトンネルとしては世界一です。

홋카이도와 혼슈는 철도로 연결되어 있습니다. 물론 바다 위를 철도가 달리고 있는 것은 아닙니다. 바다 아래로 해저터널이 개통되어 있는 것입니다. 세이칸 터널이라고 부르는 이 터널의 길이는 53.9㎞입니다. 해저터널로는 세계 제일입니다.

このトンネル作業は大変なものでした。海底の下にあるため、土は弱く、水が流れてくる危険も大きかったのです。その中で工事開始から27年をかけて、鉄道が通ったのです。

이 터널 작업은 대단히 힘들었습니다. 바다 아래에 있기 때문에 흙은 약하고, 누수가 생길 위험도 컸기 때문입니다. 그런 환경 속에서 공사를 시작한 지 27년 만에 철도가 개통되었습니다.

いずれは北海道にもこの青函トンネルから新幹線が通ります。高い技術で日本は北海道から本州まで新幹線で結ばれることになるのです。

어느새 홋카이도에도 이 세이칸 터널을 이용해서 신칸센이 다닙니다. 높은 기술력으로 일본은 홋카이도에서 혼슈까지를 신칸센으로 연결하게 되었습니다.

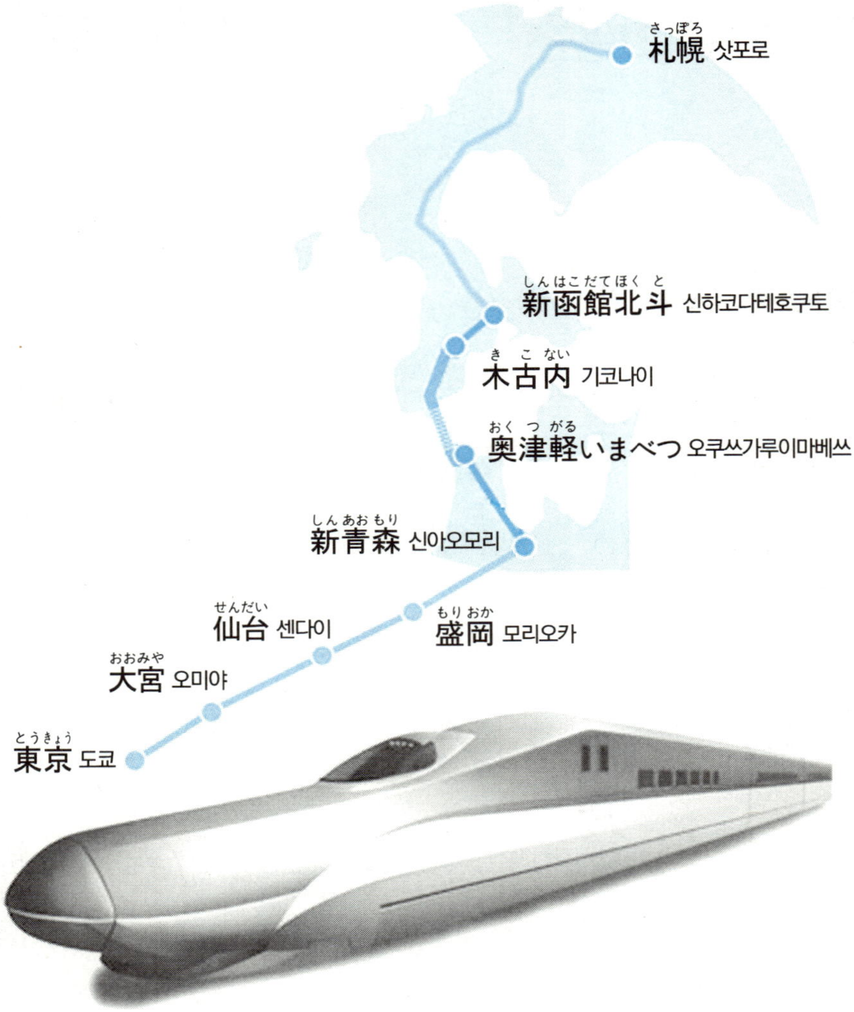

7 平均寿命(평균수명)

ある年に生まれた人が、一生の間に何年生きられるかという平均年数が平均寿命です。この数値は、国民の死亡率改善の程度、国民の健康・栄養改善の程度を示す総合的指標としてしばしば用いられます。

어떤 해에 태어난 사람이, 일생 동안 몇 년을 살 수 있는가 하는 평균연수가 평균수명입니다. 이 수치는 국민의 사망률 개선정도, 국민 건강·영양개선 정도를 나타내는 종합적인 지표로 자주 이용됩니다.

「人生80」という言葉はこの平均寿命からきたものですが、日本はまさに世界有数の長寿国です。

인생 80이라는 말은 이 평균수명에서 온 말이지만, 일본은 바야흐로 세계유수의 장수국가입니다.

厚生労働省の簡易生命表によると、2015年の日本人の平均寿命は男性が80.79歳、女性が87.05歳で、2010年と比較して男性は1.15年、女性は0.66年上回りました。

후생노동성의 간이생명표에 의하면, 2015년의 일본인 평균수명은 남성이 80.79살, 여성이 87.05살로, 2010년과 비교해서 남성은 1.15년, 여성은 0.66년 늘어났습니다.

今後、男女とも引き続き延びて、2060年には、男性84.19歳、女性90.93歳となり、女性の平均寿命は90歳を超えると見込まれています。

앞으로도 남녀 모두 계속 늘어나서 2060년에는, 남성 84.19살, 여성 90.93살이 되어, 여성의 평균수명은 90살을 넘을 전망입니다.

現在の日本の「65歳以上の高齢人口比率」は、20%を少し超えたくらいのところです。この比率は、経済協力開発機構(OECD)諸国の中で、一番高い数値です。つまり、「最も高齢化が進んでいる国＝日本」です。これは、10年後の日本では、総人口の1/4が、65歳以上の高齢者になります。

현재 일본의 「65살 이상 고령인구비율」은, 20%를 조금 넘을 정도입니다. 이 비율은, 경제협력개발기구(OECD)의 여러 나라 중에서 제일 높은 수치입니다. 즉 「가장 고령화가 진행되고 있는 나라＝일본」입니다. 이것은 10년 후 일본에서는 총 인구의 1/4이 65살 이상의 고령자가 된다는 뜻입니다.

평균수명 추이(1891~2015년, 일본)

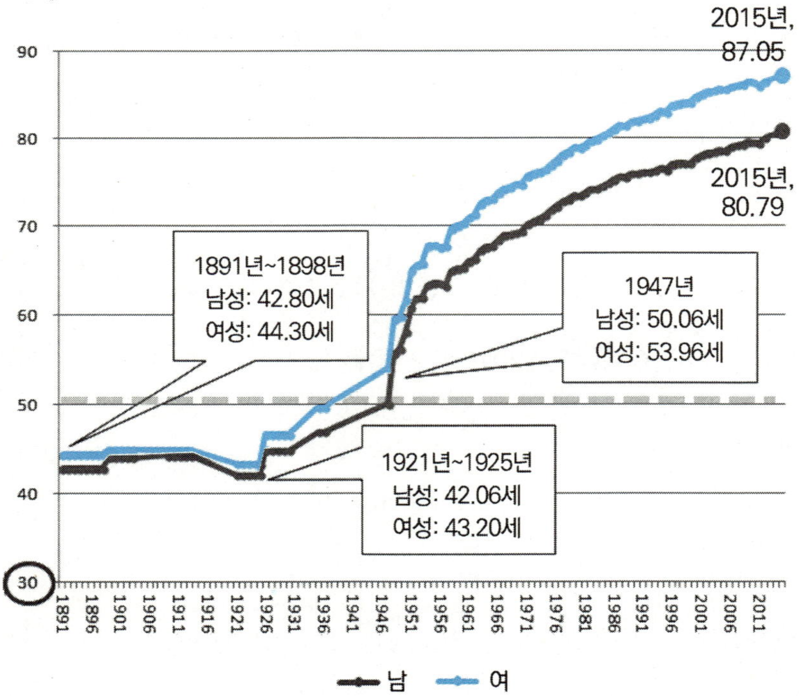

8 新聞(신문)

日本は新聞王国と言えます。全国紙、地方紙約165社が、毎日(朝刊・夕刊合わせて)6,678万部近い新聞を発行しています。

일본은 신문왕국이라 할 수 있습니다. 전국지, 지방지 약 165개사가, 매일(조간 · 석간 합쳐서) 6,678만 부 가까운 신문을 발행하고 있습니다.

日本の新聞は大きく分けて、広い分野を扱う一般紙と、スポーツや株式・産業など、特定の分野を重点に扱う専門紙に大別されます。

일본의 신문은 크게 나누어 넓은 분야를 취급하는 일반지와, 스포츠나 주식 · 산업 등의 특정 분야를 중점적으로 취급하는 전문지로 나눌 수 있습니다.

新聞社の事業としては、新聞の発行のみならず、雑誌や書籍の出版事業、各種イベントの主催といった文化事業も行っていることが多いです。

신문사는 신문 발행뿐만 아니라, 잡지나 서적 등의 출판사업, 각종 이벤트의 주체 등 문화사업도 병행하는 경우가 많습니다.

日本の新聞の発行部数(일본의 신문발행 부수)

순위	신문 이름	발행 부수	
		조간	석간
1	読売新聞(요미우리신문)	약 912만 부	약 293만 부
2	朝日新聞(아사히신문)	약 680만 부	약 223만 부
3	聖教新聞(세쿄신문)	약 550만 부	
4	毎日新聞(마이니치신문)	약 328만 부	약 95만 부
5	日本経済新聞(일본경제신문)	약 274만 부	약 139만 부
6	幸福実現NEWS(행복실현뉴스)	약 250만 부	
7	中日新聞(주니치신문)	약 245만 부	약 40만 부
8	東京スポーツ(도쿄스포츠)	약 242만 부	
9	日刊スポーツ(닛칸스포츠)	약 196만 부	
10	スポーツニッポン(스포츠닛폰)	약 171만 부	
11	日刊ゲンダイ(닛칸겐다이)	약 168만 부	
12	しんぶん赤旗(신문아카하타)	약 162만 부	
13	産経新聞(산케이신문)	약 161만 부	약 47만 부

9 放送(방송)

1925年3月22日に、東京放送局からラジオ放送が始まりました。初めは放送を受信できる範囲が狭く、ラジオを持っている人も少なかったので、ラジオを聴く人はあまりいませんでした。しかし、数年間に急に増えました。

1925년 3월 22일에, 도쿄방송국에서 라디오방송이 시작되었습니다. 처음에는 방송을 수신할 수 있는 범위가 좁고, 라디오를 가지고 있는 사람도 적었기 때문에 라디오를 듣는 사람은 별로 없었습니다. 그러나 몇 년 만에 갑자기 증가하였습니다.

1953年には東京テレビ放送局からテレビ放送が始められました。その後テレビ局がたくさん増えて、今では日本中どこへ行ってもテレビを見ることができます。1960年にはカラーテレビ放送も始まりました。

1953에는 도쿄 텔레비전 방송국에서 방송이 시작되었습니다. 그 후 텔레비전국이 많이 늘어났고 오늘날에는 일본 어디에 가더라도 텔레비전을 시청할 수 있습니다. 1960년에는 컬러텔레비전 방송도 시작되었습니다.

日本のテレビ局には、韓国やカナダやイギリスのように受信料で経営する公共放送局としての日本放送協会(NHK)がありますが、ほかはすべて民間テレビ局で、1県に2~5局、全国では約100局のVHF局があります。

일본의 텔레비전국에는 한국이나 캐나다나 영국처럼 수신료로 운영하는 공영방송국으로서의 일본방송협회(NHK)가 있습니다만, 이외에는 모두 민간 텔레비전국으로 1현에 2~5국, 전국에는 약 100국의 VHF국이 있습니다.

東京には、日本テレビ(読売新聞社系)、TBSテレビ(毎日新聞社系)、フジテレビ(サンケイ新聞社系)、テレビ朝日(朝日新聞社系)、テレビ東京(日本経済新聞社系)などの放送局があります。

도쿄에는 니혼 텔레비전(요미우리신문사 계열), TBS 텔레비전(마이니치신문사 계열), 후지 텔레비전(산케이신문사 계열), 텔레비전 아사히(아사히신문사 계열), 텔레비전 도쿄(일본경제신문사 계열) 등의 방송국이 있습니다.

放送内容は、ニュースなどの報道、ドラマ・歌・クイズなどの娯楽、学校放送・美術などの教養からなっていて、民放各局では娯楽に力を入れています。

방송내용은 뉴스 등의 보도, 드라마・노래・퀴즈 등의 오락, 학교방송・미술 등의 교양 등으로 되어 있고, 민방 각국은 오락에 심혈을 기울이고 있습니다.

10 プロ野球(프로야구)

日本に野球が伝わったのは1873年であり、その後、プロ野球が生まれました。戦争で中断したが、戦後に人気を盛り返し、1992年の両リーグの観客動員数は約2000万人に及んでいます。

일본에 야구가 전해진 것은 1873년이고, 그 후, 프로야구가 탄생되었습니다. 전쟁으로 중단된 적이 있지만, 전후에 인기를 되찾아, 1992년 양대 리그의 관객 동원 수는 약 2,000만 명에 이르고 있습니다.

日本のプロ野球は、セントラル・リーグとパシフィック・リーグの両リーグ制をとっており、10月には両リーグの優勝チーム同士で日本シリーズを戦い、 日本一を決定します。

일본 프로야구는, 센트럴리그와 퍼시픽리그의 양대 리그로 운영되고 있고, 10월에는 양대 리그의 우승팀끼리 일본시리즈를 벌여, 일본 제일을 가립니다.

セントラル・リーグ(센트럴리그)

구단 이름	지역	홈구장	수용인원 수
① 阪神(はんしん)タイガース 한신타이거즈	兵庫県(ひょうごけん)	阪神甲子園球場(はんしんこうしえんきゅうじょう) 한신고시엔 구장 (西宮市(にしのみやし))	47,808명
② 読売(よみうり)ジャイアンツ 요미우리 자이언츠	東京都(とうきょうと)	東京(とうきょう)ドーム 도쿄 돔 (文京区(ぶんきょうく))	45,600명
③ 横浜(よこはま)DeNAベイスターズ 요코하마 DeNA 베이스타스	神奈川県(かながわけん)	横浜(よこはま)スタジアム 요코하마 스타디움 (横浜市(よこはまし))	30,730명
④ 東京(とうきょう)ヤクルトスワローズ 도쿄 야쿠르트 스왈로스	東京都(とうきょうと)	明治神宮野球場(めいじじんぐうやきゅうじょう) 메이지 진구 야구장 (新宿区(しんじゅくく))	35,650명
⑤ 広島東洋(ひろしまとうよう)カープ 히로시마 도요 카프	広島県(ひろしまけん)	MAZDA Zoom-Zoom スタジアム広島(ひろしま) 스타디움 히로시마 (広島市(ひろしまし))	33,000명
⑥ 中日(ちゅうにち)ドラゴンズ 주니치 드래건스	愛知県(あいちけん)	ナゴヤドーム 나고야 돔 (名古屋市(なごやし))	38,414명

パシフィック・リーグ(퍼시픽리그)

구단 이름	지역	홈구장	수용인원 수
① 北海道日本ハムファイターズ 홋카이도 닛폰햄 파이터스	北海道	札幌ドーム 삿포로 돔 (札幌市)	40,572명
② 東北楽天ゴールデンイーグルス 도호쿠 라쿠텐 골든이글스	宮城県	楽天Koboスタジアム宮城 라쿠텐 Kobo 스타디움 미야기 (仙台市)	28,736명
③ 埼玉西武ライオンズ 사이타마 세이부 라이온스	埼玉県	西武ドーム 세이부 돔 (所沢市)	33,556명
④ 千葉ロッテマリーンズ 지바 롯데 마린스	千葉県	QVCマリンフィールド QVC 마린필드 (千葉市)	30,011명
⑤ オリックス・バファローズ 오릭스 버펄로스	大阪府	京セラドーム大阪 교세라 돔 오사카 (大阪市)	36,477명
⑥ 福岡ソフトバンクホークス 후쿠오카 소프트뱅크 호크스	福岡県	福岡ヤフオク!ドーム 후쿠오카 야후오쿠! 돔 (福岡市)	35,773명

11 高校野球(고교야구)

1915年8月、大阪の豊中球場で第１回大会が開催されました。全国高校野球選手権大会の前身です。100年の歴史を経て、日本の夏に欠かせぬ文化として定着しました。

1915년 8월, 오사카의 도요나카 구장에서 제1회 대회가 열렸습니다. 전국고교야구 선수권대회의 전신입니다. 100년의 역사를 거쳐, 일본의 여름에서 빼놓을 수 없는 문화로 정착했습니다.

毎年8月に開催されます。各都道府県1校ずつ、北海道の場合は南北海道・北北海道の2校、東京都の場合は東東京・西東京の2校の合計49校によるトーナメント大会です。

매년 8월에 개최됩니다. 각 도도부현 1개교씩, 홋카이도의 경우 남부홋카이도·북부홋카이도 등 2개교, 도쿄도의 경우는 동부 도쿄·서부 도쿄 등 2개교, 합계 49개교에 의한 토너먼트 대회입니다.

6月中旬から7月下旬にかけて行われる地方大会を勝ちあがった学校が出場できます。トーナメント方式により三週間にわたって真紅の優勝旗を争うのです。

6월 중순부터 7월 하순에 걸쳐서 거행되는 지방대회에서 끝까지 이긴 학교가 경기에 출전할 수 있습니다. 토너먼트 방식에 의해 3주간에 걸쳐 진홍색 우승기를 놓고 다투는 것입니다.

勝つ度に勝利校の校旗が掲げられ、その間、校歌が流されて栄誉を讃えます。負けたチームは、来年、雪辱を晴らすことを誓い、青春の思い出に球場の土を袋に詰めて立ち去ります。

이길 때마다 승리한 학교의 교기가 게양되고, 교기가 게양되는 동안에 교가가 흘러나오는 등의 명예를 기립니다. 진 팀은, 내년에 설욕할 것을 다짐하고, 젊은 날의 추억으로 구장의 흙을 주머니에 채워 넣고 물러갑니다.

球場には、校長や生徒はもちろん、市民や県民も、さらに市長や知事までもが応援に駆け付けます。甲子園に出場するということは、単に学校の代表であるのみならず、市町村の、あるいは都道府県の代表でもあり、全国民は大会の期間中、それぞれの郷土の代表校を応援し、勝負の展開に一喜一憂するのです。そして、実力のある有望選手は、プロ野球やノンプロ野球にスカウトされ、スターとして活躍するケースが多いです。

구장에는 교장 선생님이나 학생들은 물론, 시민이나 현민, 게다가 시장이나 지사까지도 응원하러 달려옵니다. 고시엔에 출전한다는 것은 단지 학교의 대표일 뿐만 아니라, 시군구, 혹은 도도부현의 대표이기도 하여, 전국민은 대회기간 동안, 각 고장 대표 학교를 응원하고, 승부의 전개에 일희일비하는 것입니다. 그리고 실력있는 유망선수는 프로야구나 논프로야구에 스카우트되어, 스타로 활약하는 경우가 많습니다.

12 サッカー(축구)

ほとんどの国で「フットボール」と呼ばれているスポーツを日本では「サッカー」と呼ばれます。これはアメリカン・フットボールと区別するためです。

대부분의 나라에서 「풋볼」이라고 하는 스포츠를, 일본에서는 「서커」라고 합니다. 이것은 미식축구와 구별하기 위해서입니다.

日本へのサッカーの伝来は、1872年に神戸市の外国人居留地で行われた試合が最初という説があります。

일본에 축구가 전해진 것은, 1872년 고베시의 외국인 거주지에서 거행된 시합이 처음이라는 설이 있습니다.

1929年に国際サッカー連盟に加入し、1965年には日本サッカーリーグが誕生し、1968年のメキシコオリンピックでは胴メダルを獲得しました。

1929년에 국제축구연맹에 가입하여, 1965년에는 일본축구리그가 탄생하고, 1968년 멕시코올림픽에서는 동메달을 획득하였습니다.

ワールドカップ(월드컵)

1996年11月6日、国際サッカー連盟(FIFA)はスイス・チューリッヒで会合を開き、韓国と日本のワールドカップ共催決定を発表したのです。

1996년 11월 6일, 국제축구연맹(FIFA)은 스위스 취리히에서 회의를 열고, 한국과 일본의 월드컵 공동개최

결정을 발표하였습니다.

FIFAの規定は、およそ次のようなものです。

FIFA의 규정은 대략 다음과 같습니다.

① 大会の公式名称は2002 FIFA World Cup Korea/Japanとする。

대회의 공식명칭은 2002 FIFA World Cup Korea/Japan으로 한다.

② 参加チームは計32チームで64試合を戦う。

참가 팀은 32개 팀으로 하고, 64경기를 한다.

③ 両国は試合を開催する最低6、最多10のスタジアムを用意する。

양국은 시합을 개최하는 최저 6, 최다 10개의 스타디움을 준비한다.

④ 開幕戦は韓国が主催、決勝戦は日本で行う。

개막전은 한국이 주최하고, 결승전은 일본에서 거행한다.

⑤ 両国とも代表チームを2002年ワールドカップに出場させる権利を持つ。

양국 모두 대표팀을 2002년 월드컵에 출전시킬 권리가 있다.

Jリーグ(J 리그)

日本プロサッカーリーグは、日本のプロサッカーリーグです。略称はJリーグで、主催団体は公益財団法人日本サッカー協会(JFA)です。

일본 프로축구리그는, 일본의 프로축구리그입니다. 약칭은 J 리그이고, 주체단체는 공익재단법인일본축구협회(JFA)입니다.

1993年に10クラブで開始し、現在日本国内の38都道府県に本拠地を置く53クラブ(J1：18、J2：22、J3：13)が戦っています。

1993년에 10개의 클럽으로 시작하여, 현재는 일본 국내의 38도도부현에 근거지를 두고 53개 클럽(J1 : 18, J2 : 22, J3 : 13)이 경기를 합니다.

また国内だけでは満足できなくなった選手たちが海外に飛び出して活躍しています。日本の選手は子どもの頃は強いが大人になると伸び悩んでしまうと言われ続けてきました。

또 국내에서만은 만족할 수 없게 된 선수들이 해외에 나아가 활약하고 있습니다. 일본의 선수들은 어린 시절에는 강하지만, 어른이 되면 제자리걸음한다는 말을 듣게 되었습니다.

13 日韓の外交問題(한일 외교문제)

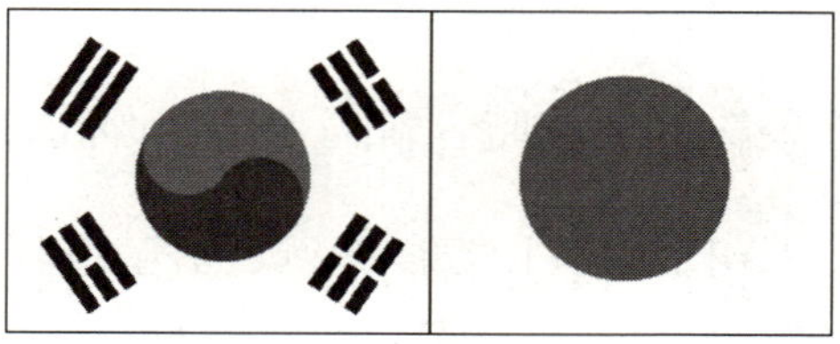

「日韓基本関係条約」は、日韓国交の基本問題を規定した条約で1965年6月22日調印されました。

「한일기본관계조약」은 한일국교의 기본문제를 규정한 조약으로 1965년 6월 22일에 조인되었습니다.

条約の骨子は、(1)外交関係の開設、(2)旧条約の失効、(3)国連憲章の尊重、(4)貿易・海運・通商・航空協定の締結交渉の開始などであり、他方、協定は次の内容から成っています。

조약의 골자는, (1) 외교관계의 개설 (2) 종전 조약의 효력 상실 (3) 국제연합헌장의 존중 (4) 무역・해운・통상・항공협정의 체결교섭 개시 등이고, 또 다른 협정은 다음과 같은 내용으로 되어 있습니다.

① 漁業協定＝12海里を韓国の漁業専管水域とし、その外側にも日韓両国の漁業共同規制水域を設けること。

어업협정=12해리를 한국의 어업 전관수역으로 하고, 그 바깥쪽은 한일양국의 어업공동규제수역을 설치할 것

② 請求権協定＝10年間のうちに日本から韓国に無償3億ドル、政府借款2億ドルを提供、さらに3億ドル以上の民間信用供与を期待する。

청구권협정 =10년 안에 일본에서 한국으로 무상 3억 달러, 정부차관 2억 달러를 제공, 여기에 3억 달러 이상의 민간신용자금의 제공을 희망한다.

③ 法的地位協定＝日本在住韓国民に対する永住許可およびその強制退去事由の制限。

법적 지위협정=일본 거주 한국민에 대한 영주 허가 및 그 강제퇴거 사유의 제한

④ 文化財協定＝日本が韓国から持ち帰った文化財の返還など。

문화재 협정=일본이 한국에서 가져간 문화재의 반환 등

条約制定当時、韓国と日本の間には賠償問題のみならず、独島(竹島)問題など課題が山積しており、韓国内では激しい条約締結反対運動が起こりました。

조약 제정 당시, 한국과 일본 사이에는 배상문제뿐만 아니라, 독도문제 같은 과제가 산적해 있어, 한국 내에서는 격렬한 조약체결반대운동이 일어났습니다.

この時、韓国政府はこの供与及び融資を日本に対して債権を有する個々人にはほとんど支給せず、国家の経済基盤整備の為に使用しました。現在この点を批判する運動が韓国で起きています。

이때, 한국정부는 제공된 돈 및 융자금을, 일본에 대해 채권을 가진 개개인에게는 지급하지 않고, 대부분 국가의 경제기반정비를 위해 사용하였습니다. 현재 이에 대해 비판하는 운동이 한국에서 일어나고 있습니다.

国交正常化した以後隣国でありながら、必ずしもスムーズな外交関係が確立されているとは言えません。慰安婦問題・独島(竹島)をめぐる問題・東海(日本海)呼称問題・在日同胞法的地位問題・対日貿易赤字問題・韓国人被爆者の援護問題などが提起されていますが、日本政府は韓国側の要求する条約の見直しには応じられないと言っているから、日韓間に摩擦が起きています。

국교 정상화 이후 이웃 나라지만, 반드시 순조로운 외교관계가 확립되고 있다고는 할 수 없었습니다. 위안부문제·독도를 둘러싼 문제·동해 호칭문제·재일동포 법적 지위문제·대일무역 적자문제·한국인 피폭자의 원조와 보호문제 등이 제기되고 있지만, 일본정부는 한국 측이 요구하는 조약의 수정에는 응할 수 없다는 입장이기 때문에 한일 간에 마찰이 끊임없이 일어나고 있습니다.

14 在日韓国人(재일한국인)

在日韓国人は、法務省の統計によると在日外国人の中で中国人に次いで2番目に多く、現在で約45万人が日本に住んでいます。

법무성의 통계에 의하면 재일한국인은 재일외국인 중에서 중국인에 이어 두 번째로 많고, 현재 약 45만 명이 일본에 살고 있습니다.

日本に韓国人が多い理由は、日本が韓国を35年間にわたり植民地支配していた産物なのです。韓国人たちが望んで日本へ行ったのではなく無理やりつれていかれた結果なのです。

일본에 한국인이 많은 이유는, 일본이 한국을 35년 동안 식민지 지배한 산물입니다. 한국인들이 원해서 일본으로 간 것이 아니라 강제로 끌려간 것입니다.

1945年8月15日の敗戦後、在日韓国人の大部分は帰国しましたが、生活の基盤を日本にもってしまった約60万の人たちは帰りたくても帰られなかったです。そうなると、彼らは日本人同然の生活をしながら外国人ということになります。

1945년 8월 15일의 패전 후, 재일한국인의 대부분은 귀국했지만, 생활기반이 일본에 있던 약 60만 명은 돌아오고 싶어도 돌아올 수 없게 되었습니다. 그러자 그들은 일본인과 같은 생활을 하면서도 외국인이 되었습니다.

税金は払っていても選挙権はなく、諮問捺印という非道なことも強いられます。民俗差別による雇用拒否は、在日韓国人なら、例外なく経験したことがあると言っても過言ではないです。

세금은 납부해도 선거권은 없고, 지문날인이라는 비도덕적인 행위까지도 강요당하고 있습니다. 민족차별에 의한 고용거부는, 재일한국인이라면 예외 없이 경험한 적이 있다고 해도 과언이 아닙니다.

在日韓国人の存在は、日本の植民地支配の産物なのです。にもかかわらず、日本政府はその罪責を認めたことは一回もないです。したがって、その責任を償おうとしたこともないです。

재일한국인의 존재는 일본 식민지 지배의 산물입니다. 그럼에도 불구하고, 일본정부는 그 범죄의 책임을 한번도 인정한 적이 없습니다. 따라서 그 책임을 배상한 적도 없습니다.

国籍別外国人数(국적별 외국인수)

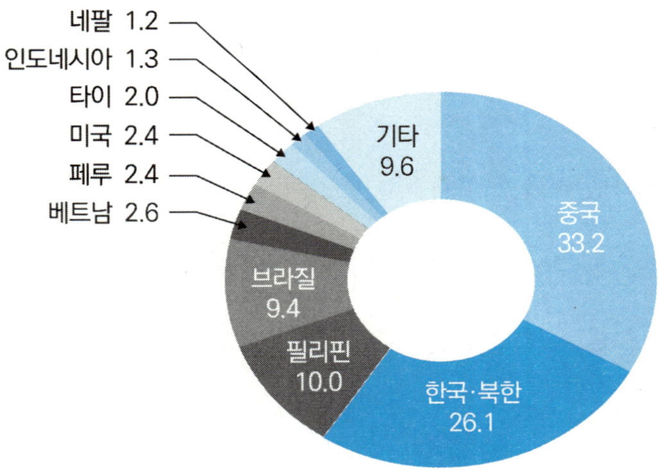

15 朝鮮戦争と日本経済(한국전쟁과 일본경제)

第2次世界大戦前までの日本の工業は繊維工業が中心でした。しかし、第2次世界大戦中の本土爆撃により、工場は破壊になりました。

제2차 세계대전 전까지 일본의 공업은 섬유공업이 중심이었습니다. 그러나 제2차 세계대전 당시 본토 폭격에 의해, 공장은 파괴되었습니다.

敗戦直後、生産の極度の低下と悪性インフレによって混乱を極めていました。

패전 직후, 생산이 극도로 저하되자, 악성 인플레에 의한 혼란이 극에 달하였습니다.

GHQは、財閥が日本の軍国主義を制度的に支援したと考えていました。財閥を解体することで日本軍を壊滅させせられるとの認識だったようです。

연합군 최고사령부는 재벌이 일본의 군국주의를 제도적으로 지원했다고 생각했습니다. 재벌을 해체함으로써 일본군을 괴멸시킬 수 있을 거라고 판단했던 것 같습니다.

当時産業界を支配していた三井・三菱・住友・安田は解体され、多くの新しい企業が生まれました。

당시 산업계를 지배하고 있던 미쓰이 · 미쓰비시 · 스미토모 · 야스다는 해체되고, 많은 새로운 기업이 생겨났습니다.

しかし、1950年、北朝鮮が韓国に侵攻し朝鮮戦争が勃発でした。アメリカ、ソ連、中国が加わり、この戦争は1953年まで続きました。

그러나 1950년, 북한이 한국을 침공하여 한국전쟁이 일어났습니다. 미국, 소련, 중국이 참전하였고, 이 전쟁은 1953년까지 계속되었습니다.

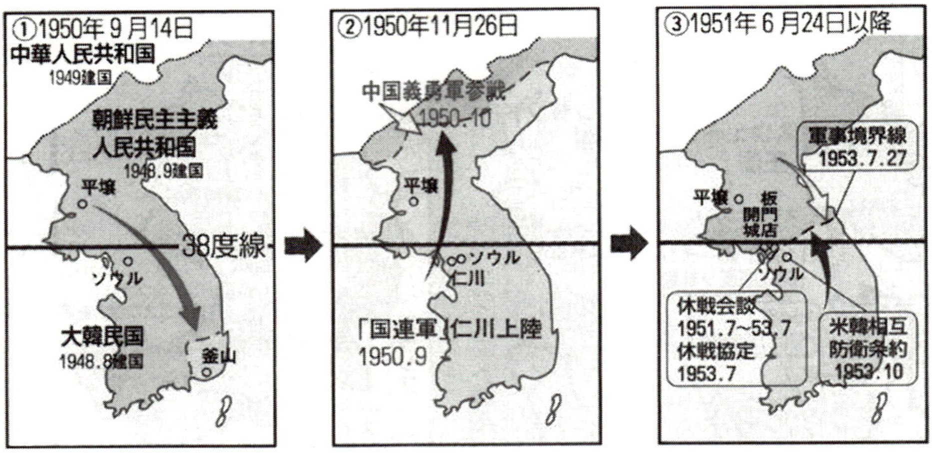

1951年9月アメリカのサンフランシスコにて連合国と日本の間で結ばれた条約がサンフランシスコ講和条約です。当時の吉田茂首相は、朝鮮戦争が勃発したタイミングを、日本に有利な講和を結ぶチャンスだと考え、秘密裏に外務省に講和条約のたたき台を作らせたそうです。

1951년 9월 미국 샌프란시스코에서 연합국과 일본 간에 맺은 조약이 샌프란시스코 강화조약입니다. 당시 수상인 요시다는, 한국전쟁이 발발한 타이밍을, 일본에 유리한 강화조약을 맺을 기회라고 생각해서, 비밀리에 외무성을 통해 강화조약의 시안을 마련하게 했다고 합니다.

朝鮮戦争に伴って、在朝鮮米軍、在日米軍から日本に発注された物資やサービスのなどの需要を朝鮮特需と呼びます。

한국전쟁에 따른 한국주둔미군, 일본주둔미군들로부터 일본으로 발주된 물자나 서비스 같은 수요를 한국특수라고 합니다.

1950~1952年までの3年間に生じた特需は10億ドル、55年までの間接特需は36億ドルに達したと言われています。

1950~1952년까지 3년 동안 발생한 특수는 10억 달러, 55년까지의 간접특수는 36억 달러에 달한다고 합니다.

日本はこの時期に、敗戦によって立ち遅れていた技術を最新のものに更新、アメリカ式の大量生産方式を学びます。産業立国となるための重要なノウハウを作り上げ、特需により雇用を確保し、多くの外貨を獲得しました。

일본은 이 시기에, 패전에 의해 뒤떨어져 있던 기술을 최신기술로 새롭게 바꾸고, 미국식인 대량생산방식을 배웠습니다. 산업입국이 되기 위한 중요한 노하우를 완성시켜, 특수보다는 고용을 확보하고, 많은 외화를 획득하였습니다.

朝鮮戦争は日本の輸出増大を誘発し、日本の産業界の工場生産における転換期となりました。また、その後の高度経済成長の基盤になったともいわれています。

한국전쟁은 일본 수출 증대를 유발하고, 일본산업계의 공장생산에 있어서 전환기가 되었습니다. 또 그 이후 고도경제성장의 기반이 되었다고도 할 수 있습니다.

共産主義との冷戦が始まると、日本の産業を育てる方向にアメリカの政策が転換しました。財閥は再結集し、銀行を中心にした6大グループが形成されます。

공산주의와의 냉전이 시작되자, 일본의 산업을 육성시키려는 방향으로 미국의 정책이 바뀌었습니다. 재벌들은 재집결하고, 은행을 중심으로 6대 그룹이 만들어졌습니다.

「三井」「三菱」「住友」がそれぞれ単体でかつての財閥に復元されました。その他の旧財閥は、銀行を中心に連合してグループを作りました。富士銀行を中心とする、富士(安田)、浅野、根津、大倉、森と日産の一部で「芙蓉グループ」、第一勧業銀行を中心とする、古河、川崎などで「第一勧銀グループ」、三和銀行を中心として、日立(日産の一部)を始め独立系各社が集結した「三和グループ」の六つです。

「미쓰이」「미쓰비시」「스미토모」가 각각 단일회사에서 이전의 재벌로 복원되었습니다. 그 외의 옛 재벌들은, 은행을 중심으로 연합해서 그룹을 만들었습니다. 후지은행을 중심으로 하는 후지(야스다)・아사노・네즈・오쿠라・모리와 닛산의 일부가 합쳐져 「후요 그룹」, 제일권업은행을 중심으로 하는 고하・가와사키 등의 「제일권은 그룹」, 산와은행을 중심으로 히타치(닛산의 일부)를 비롯한 각 독립회사가 결집한 「산와 그룹」 등의 6개입니다.

1955~1957年、日本は爆発的な好景気でした。朝鮮戦争による特需で日本経済が大幅に拡大されたことにより発生したのです。結局、日本経済は朝鮮戦争によって第２次世界大戦前の水準に回復されました。

1955~1957년, 일본은 폭발적인 호경기였습니다. 이는 한국전쟁에 의한 특수로 일본경제가 큰 폭으로 확대되면서 생긴 것입니다. 결국, 일본경제는 한국전쟁에 의해 제2차 세계대전 이전 수준으로 회복할 수 있었습니다.

Ⅵ 食べ物

먹거리

1. 日本の食文化(일본의 음식문화) | 2. 和食のマナー(일본요리의 매너)
3. 一汁三菜(이치주산사이) | 4. 寿司(초밥) | 5. 刺身(생선회) | 6. ラーメン(라멘)
7. どんぶり(돈부리) | 8. そば・うどん(소바・우동) | 9. 焼きそば(야키소바)
10. お好み焼き(오코노미야키) | 11. 家庭料理(가정요리) | 12. 会席料理(가이세키 요리)
13. 鍋料理(냄비요리) | 14. おにぎり(오니기리) | 15. お弁当(도시락)
16. たこ焼き(다코야키) | 17. 梅干し(우메보시) | 18. 納豆(낫토) | 19. てんぷら(튀김)
20. みそ汁(된장국) | 21. 日本酒(니혼슈) | 22. 和菓子(와가시)

1 日本の食文化(일본의 음식문화)

「自然を尊ぶ」という日本人の心に基づいた「食」に関する「習わし」が、「和食；日本人の伝統的な食文化」として、2013年にユネスコ無形文化遺産に登録されました。

「자연을 존중」하는 일본인들의 마음에 바탕을 둔 「음식(食)」에 관한 「풍습」이 「와쇼쿠(和食) ; 일본인들의 전통적인 식문화」로서, 2013년에 유네스코 무형문화유산에 등록되었습니다.

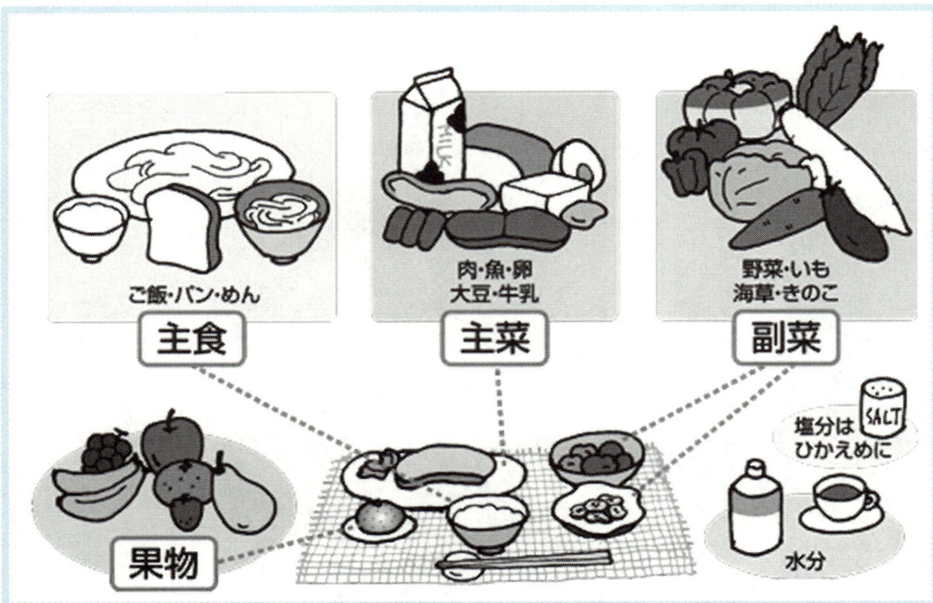

特徴(특징)

① 多様で新鮮な食材とその持ち味の尊重

南北に長く、四季がはっきりしている日本には多様で豊かな自然があり、そこで生まれた食文化もまた、自然に寄り添うように育まれてきました。また、素材の味わいを活かす調理技術や道具が発達しています。

① 다양하고 신선한 식재료와 그 본래의 맛을 존중
남북으로 길고, 사계절의 변화가 뚜렷한 일본에는 다양하고 풍요로운 자연이 있고, 거기서 생겨난 음식문화 또한 자연스레 서로 어우러져 성장해 왔습니다. 또 소재의 맛을 활용한 조리기술이나 도구가 발달했습니다.

② 健康的な食生活を支える栄養バランス

一汁三菜を基本とする日本の食事スタイルは理想的な栄養バランスと言われています。また、「うまみ」を上手に使うことによって動物性脂肪の少ない食生活を実現しており、日本人の長生きや肥満防止に役立っています。

② 건강한 식생활을 지탱하는 영양밸런스
국 하나에 반찬 세 가지가 기본 상차림인 일본식사 스타일은 이상적인 영양밸런스라는 말을 듣습니다. 또 「맛」을 잘 내기 때문에 동물성지방이 적은 식생활을 실현하게 되었고, 이는 일본인의 장수나 비만방지에 도움이 되었습니다.

③ 自然の美しさや季節の移ろいの表現

季節の花や葉などで料理を飾りつけたり、季節に合った調度品や器を利用したりして、季節感を楽しみます。

③ 자연의 아름다움이나 계절 변화의 표현
철 따라 피는 꽃이나 잎 같은 것으로 요리를 장식하거나, 계절에 맞는 도구나 그릇을 이용하여 계절감을 즐깁니다.

④年中行事との密接な関わり

年中行事と密接に関わりのある食文化が育まれており、自然の恵みである「食」を分け合い、食の時間を共にすることで、家族や地域の絆を深めてきました。

④ 연중행사와도 밀접한 관계
연중행사와 밀접한 관계가 있는 음식문화를 발전시켜 왔고, 자연의 혜택인「음식(食)」을 서로 나누어, 식사시간을 함께하는 것으로, 가족이나 지역과의 인연을 더해왔습니다.

2 和食のマナー(일본요리의 매너)

茶碗(ちゃわん)、お椀(わん)は手(て)に持(も)って食(た)べること。

밥그릇, 국그릇은 손으로 잡고 먹을 것

大(おお)きな物(もの)は器(うつわ)の中(なか)で、箸(はし)で切(き)ること。

큰 것은 그릇 안에서 젓가락으로 자를 것

魚(さかな)は左(ひだり)から食(た)べること。

생선은 왼쪽부터 먹을 것

蓋(ふた)つきのお椀(わん)の場合(ばあい)、食(た)べ終(お)わったら蓋(ふた)を元(もと)に戻(もど)すこと。

뚜껑이 달린 국그릇의 경우, 다 먹으면 뚜껑을 원위치시킬 것

同(おな)じものばかりを集中(しゅうちゅう)して食(た)べないこと。

같은 것만 집중해서 먹지 말 것

ご飯(はん)に醤油(しょうゆ)やソースをかけないこと。

밥에 간장이나 소스를 치지 말 것

箸(젓가락)

和食で食事をする時、必ず使うものといえば、お箸です。

일본요리를 먹을 때, 반드시 사용하는 것이 젓가락입니다.

① 箸の持ち方(젓가락 쥐는 법)

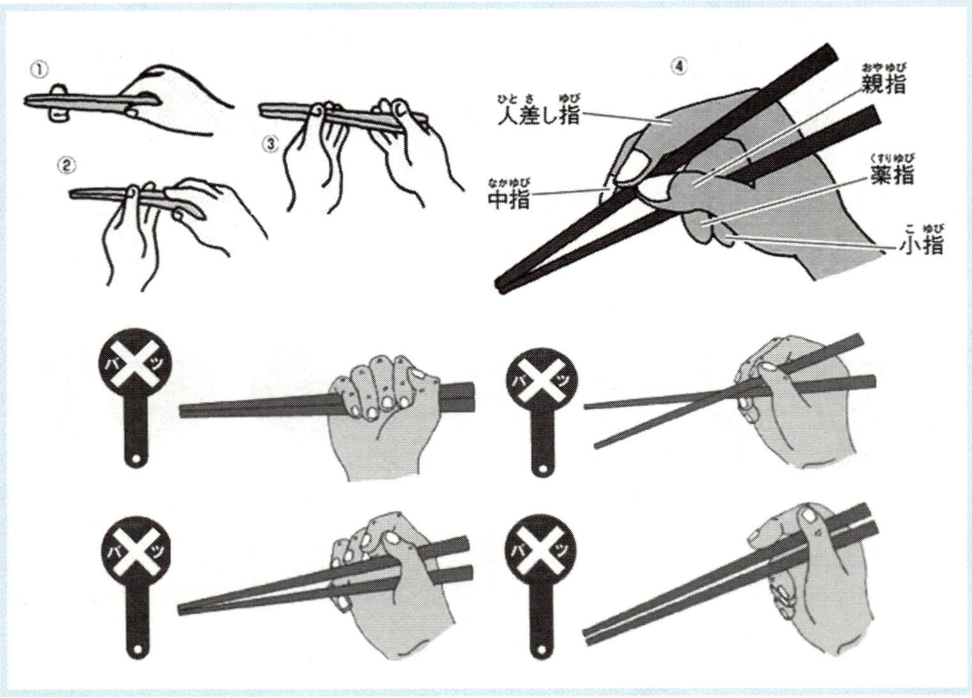

② 嫌い箸(잘못된 젓가락 사용법)

昔から食事中に一緒に食べてる人に不快な気持ちや不潔な感じを与えるような箸の使い方を「嫌い箸」と呼んで無作法な行為とされています。

옛날부터 식사할 때, 함께 먹고 있는 사람들에게 불쾌한 기분이나 불결한 느낌을 주는 젓가락 사용법을 「기라이바시」라 해서 예의에 어긋난 행위로 규정하고 있습니다.

①突き箸・刺し箸

料理に箸を突き刺して食べる。

요리를 젓가락으로 찔러서 먹는다.

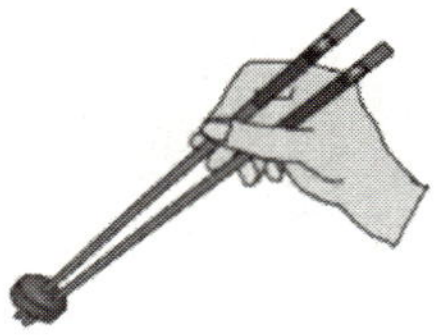

②立て箸・仏箸

箸をご飯に突き刺して立てる。

젓가락을 밥에 찔러 세운다.

③叩き箸

箸で食器を叩いて音を立てる。

젓가락으로 식기를 두드려 소리를 낸다.

④指し箸

箸で人や物を指し示す。

젓가락으로 사람이나 물건을 가리킨다.

⑤寄せ箸

食器を引き寄せるために箸を使う。

식기를 당길 목적으로 젓가락을 사용한다.

⑥迷い箸

料理の上であれこれと箸を動かす。

요리 위에서 이리저리 젓가락을 움직인다.

⑦探り箸

箸をお椀の中でかき回して探る。

젓가락을 국그릇 안에 넣고 휘저어 찾는다.

⑧楊枝箸

箸を楊枝代わりに使う。

젓가락을 이쑤시개 대신 사용한다.

⑨涙箸

汁が滴りやすい料理を食べる際、それを取った箸から汁を滴らせながら口に運ぶ。

국물이 흐르기 쉬운 요리를 먹을 때, 그것을 집은 젓가락에서 국물을 흘리면서 입으로 가져간다.

⑩移り箸

ある料理を取ろうと箸を伸ばした後、他の料理を取りにいく。

어떤 요리를 집으려고 젓가락질하다가 다른 요리를 집으러 간다.

⑪ 舐め箸・舐り箸

箸を舐る。

젓가락을 핥는다.

⑫ 噛み箸

箸を噛む。

젓가락을 씹는다.

⑬ かき箸

食器に口を付け箸で食べ物を掻き込む。

식기에 입을 대고 젓가락으로 음식물을 그러넣는다.

⑭ 渡し箸

箸休めの時に箸を器の上で横にかける。

젓가락질하지 않을 때 젓가락을 식기 위에 옆으로 걸쳐놓는다.

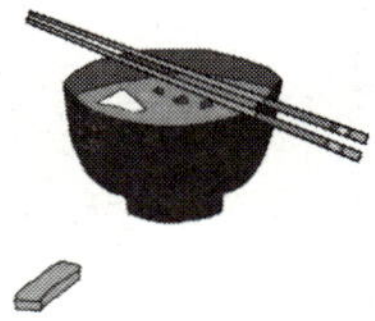

⑮ 込み箸

箸を使って食べ物を詰め込みほおばる。

젓가락을 사용해서 음식물을 볼이 미어지게 입에 넣는다.

⑯ くわえ箸

箸をくわえる。

젓가락을 입에 문다.

⑰ 千切り箸

箸を両手に一本ずつ持って料理を千切る。

젓가락을 양손에 하나씩 들고 요리를 찢는다.

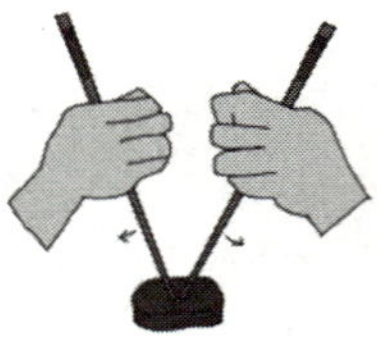

⑱ あげ箸

箸を使って食べ物をあげる。

젓가락을 사용해서 음식물을 들어 올린다.

茶碗の持ち方(밥그릇 쥐는 법)

和食では茶碗を手に持って食事をいただきます。茶碗の持ち方にも、マナーや美しく見える振る舞いがあります。

일본요리에서는 밥그릇을 쥐고 식사를 합니다. 밥그릇 쥐는 법에도 매너나 아름답게 보이는 행동거지가 있습니다.

茶碗を持つ時は、両手で包むようにして持ち上げます。茶碗を持つ高さは、胸元ぐらいまでにしておくときれいです。

밥그릇을 쥘 때는, 양손으로 감싸듯이 해서 들어 올립니다. 밥그릇은 가슴 정도 높이로 드는 것이 아름답습니다.

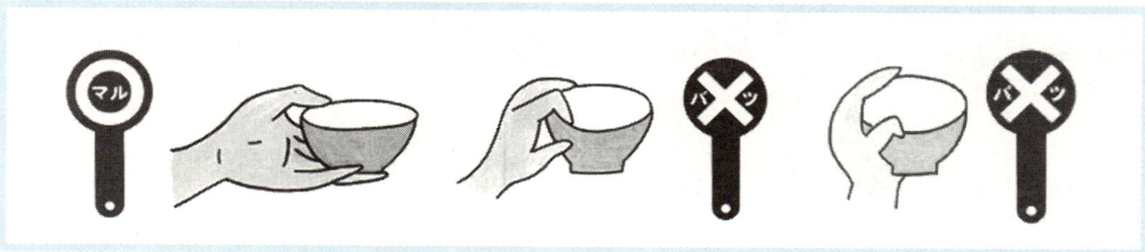

器の扱い方(그릇 다루는 법)

食べている途中で、器の受け渡しをしたり、皿をズルズル引き寄せる行為はＮＧです。

먹는 동안, 그릇을 주고받거나 접시를 스르르 자기 앞으로 당기는 행위는 잘못입니다.

食べ終わった器は、重ねないようにします。器に傷をつける行為となって迷惑がられます。

다 먹은 그릇은 포개지 않도록 합니다. 그릇에 흠집을 내는 행위가 되어 폐를 끼치게 됩니다.

お椀の扱い方(국그릇 다루는 법)

① 蓋(뚜껑)

お椀の蓋は、逆さにして右側に置きます。

また、左側に置かれているお料理の蓋は、左側に置きます。

국그릇의 뚜껑은 거꾸로 해서 오른쪽에 둡니다. 또 왼쪽에 놓여 있는 요리의 뚜껑은 왼쪽에 둡니다.

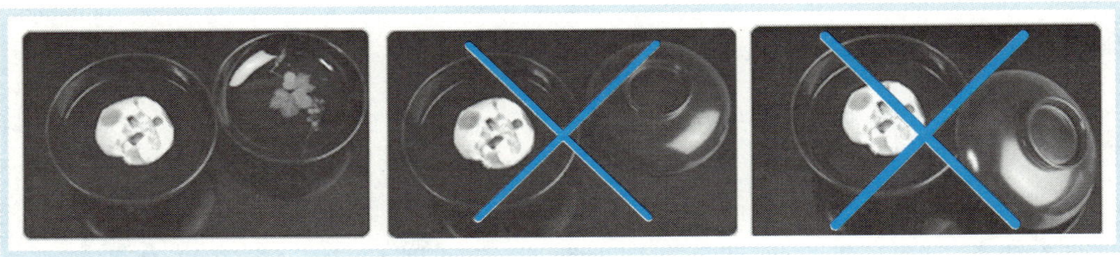

② お椀とお箸(국그릇과 젓가락)

両手でお椀を持ち上げます。お椀を左手に持ったら、右手でお箸を持ち上げます。

양손으로 국그릇을 들어 올립니다. 국그릇을 왼손으로 들면, 오른손으로 젓가락을 쥐어 듭니다.

お箸の先3分の1辺りを右手の指に挟み、そのまま左手をお箸の下側に滑らせ、いただきます。

젓가락 끝 1/3 부근을 오른쪽 손가락에 끼우고, 그대로 왼손을 그릇 아래쪽으로 받쳐서 먹습니다.

いただき終わったら、蓋は元のとおりに戻します。

다 먹은 뒤에 뚜껑은 원위치시킵니다.

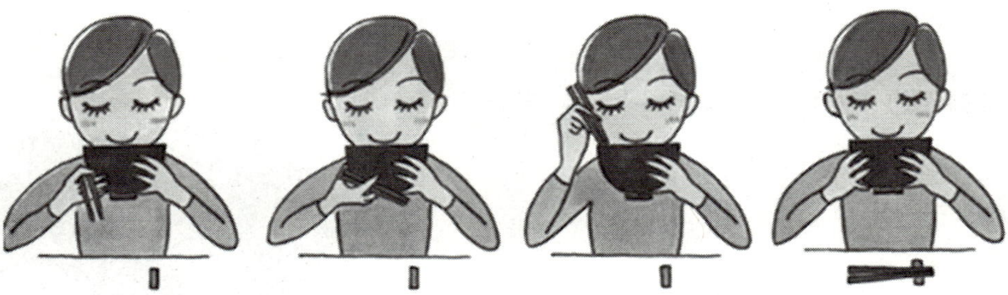

3 一汁三菜(이치주산사이)

和食の基本は「一汁三菜」です。

일본 전통음식의 기본은 「이치주산사이」입니다.

「一汁三菜」とはご飯と汁と3種類のおかずのことです。

「이치주산사이」란 밥과 국 그리고 3종류의 반찬을 말합니다.

主食(ご飯・パン・麺など)+汁物+主菜(魚・肉・卵・大豆など)+副菜・副々菜(野菜・きのこ・海藻・いもなど)の組み合せです。

주식(밥・빵・면 등)+국+주요 반찬(생선・고기・달걀・콩 등)+부차적인 반찬(채소・버섯・해초・감자 등)의 조합입니다.

置き方(놓는 법)

①	主食(ご飯・パン・麺など)は手前の左側 주식(밥·빵·면 등)은 바로 앞의 왼편
②	汁物(味噌汁・お吸い物)は手前の右側 국(된장국·맑은국)은 바로 앞의 오른편
③	副々菜(香の物・和え物)は真ん中 부차적인 반찬(절임·무침)은 정중앙
④	副菜(煮物)は奥の左側 부차적인 반찬(조림)은 안쪽의 오른편
⑤	主菜(魚・肉・卵・大豆など)は奥の右側 주요 반찬(생선·고기·달걀·콩 등)은 안쪽의 왼편

4 寿司(초밥)

日本の代表的な料理と言えば、寿司です。寿司はご飯の上にいろいろな刺身をのせた食べ物です。

일본의 대표적인 요리는 초밥입니다. 초밥은 밥 위에 여러 가지 생선회를 얹은 음식물입니다.

握り寿司として食べるようになったのは、江戸時代末期の事です。華屋輿兵衛が握り寿司を発明しました。この握り寿司は、東京湾すなわち江戸の前でとれる魚介・海苔を使うことから「江戸前寿司」と呼ばれるようになりました。その後、1923年の関東大震災に被災した東京の寿司職人達が故郷に帰り、日本全国に握り寿司が広まっていきました。

니기리즈시로 먹게 된 것은 에도 시대 말기부터입니다. 하나야 요헤에가 니기리즈시를 발명했습니다. 이 니기리즈시는 도쿄만, 즉 에도 앞바다에서 잡은 생선과 조개류・김 등을 사용했다고 해서 「에도마에즈시」라 부르게 되었습니다. 그 뒤, 1923년 간토대지진으로 피해를 입은 도쿄의 초밥 장인들이 고향으로 돌아가게 되면서, 니기리즈시가 일본 전역으로 퍼지게 되었습니다.

寿司の種類(초밥의 종류)

まぐろのお寿司
참치초밥

サーモンのお寿司
연어초밥

たまごのお寿司
달걀초밥

いなり寿司
유부초밥

いくらのお寿司
연어알초밥

鉄火巻き
참치회김밥

かっぱ巻き
오이김밥

いかのお寿司
오징어초밥

うにのお寿司
성게초밥

えびのお寿司
새우초밥

しめサバの握り寿司
고등어초밥

ホッキ貝の握り寿司
함박조개초밥

赤貝の握り寿司
새고막 니기리즈시

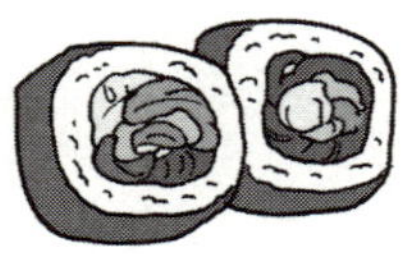

巻き寿司
마키즈시

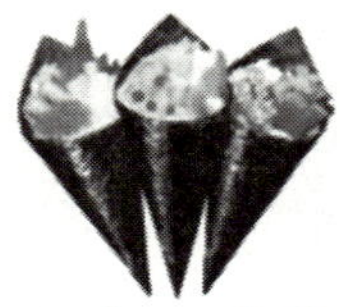

手巻き寿司
데마키즈시

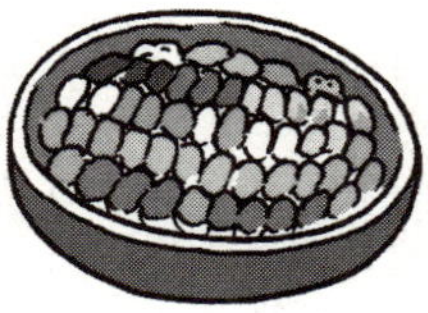

にぎりもりあわせ
니기리초밥 모둠

トロ
다랑어초밥

お祝(いわ)いちらし寿司(ずし)
축하 지라시즈시

恵方巻(えほうま)き
김밥

手作(てづく)り恵方巻(えほうま)き
직접 만든 김밥

かんぴょう巻(ま)き
박고지 넣은 김밥

寿司(すし)のマナー(초밥의 매너)

手(て)や箸(はし)を使(つか)います
손이나 젓가락을 사용합니다.

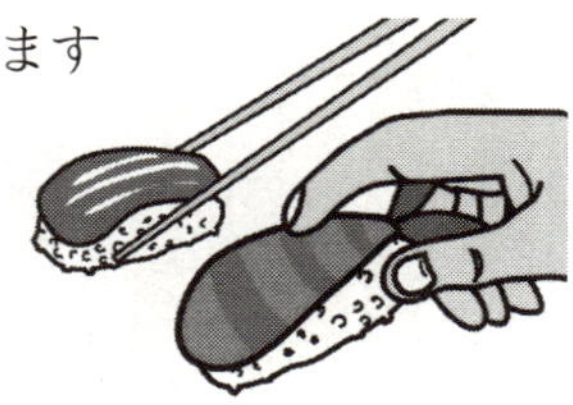

醤油(しょうゆ)は、タネに少(すこ)しつけます。
간장은, 초밥에 살짝 찍습니다.

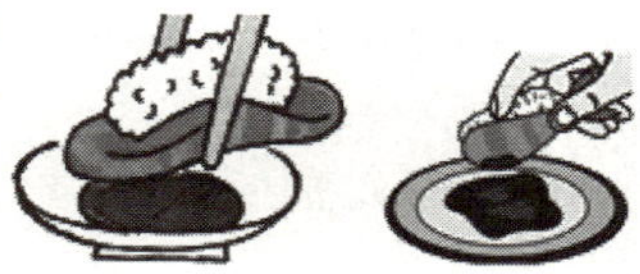

一口(ひとくち)で食(た)べます。
한입에 먹습니다.

お茶(ちゃ)や生姜(しょうが)は、口(くち)の中(なか)をさっぱりさせるため、合間(あいま)にいただきます。
차나 생강은 입 안을 깔끔하게 하기 위해 틈틈이 먹습니다.

回転寿司(회전초밥)

回転寿司は、ベルトコンベアに乗って回っている寿司を自分で、取って食べる、比較的に安価な寿司屋です。回っていない寿司を注文することもできます。

회전초밥은, 전송대에 실려서 돌아가는 초밥을 직접 집어서 먹는, 비교적 가격이 싼 초밥입니다. 실려 있지 않는 초밥을 주문할 수도 있습니다.

① お茶は自分で用意します。

차는 직접 준비합니다.

② 粉末茶などを湯のみに入れて、お湯を注ぎます。

분말차 등을 찻잔에 넣고 뜨거운 물을 붓습니다.

③ 好きな寿司を選んで取ることができます。

좋아하는 초밥을 선택해서 집을 수 있습니다.

④ 寿司だけ取らずに、皿ごと取ります。

초밥만 집지 않고, 접시째로 집습니다.

⑤ 一度取った皿を、戻すのはやめましょう。

한 번 집은 접시를 되돌려놓으면 안 됩니다.

⑥ 食べた後の皿は重ねておきます。

먹은 후 접시는 포개어둡니다.

⑦ 食べた皿の枚数を数えて精算します。

먹은 접시 개수를 헤아려서 계산합니다.

5 刺身(생선회)

刺身は、新鮮な魚の切り身を生で食べるシンプルな料理です。生の魚を薄く切り、醤油やわさびなどにつけて食べます。

생선회는, 신선한 생선살을 날것으로 먹는 간단한 요리입니다. 날 생선을 얇게 잘라서 간장이나 와사비 같은 것에 찍어 먹습니다.

四方を海に囲まれた島国の日本だからこそ、新鮮な魚が手に入りやすく、刺身の文化が発達したと考えられます。

사방이 바다로 둘러싸인 섬나라 일본이기 때문에, 신선한 생선을 손에 구하기 쉬워서 생선회 문화가 발달했다고 할 수 있습니다.

元々は、「切り身」と呼ばれましたが、武家社会で「切る」は忌み嫌われていたため、「刺身」と呼ばれるようになりました。「切り身」の「切る」と同様に、「刺す」も忌み嫌われたことから、関西では魚を切ることを「作る」と言い、刺身を「お作り」と言うようになりました。

원래는, 「기리미」라고 불렀습니다만, 무가사회에서 「자른다」는 말을 매우 싫어했기 때문에 「사시미」라고 부르게 되었습니다. 「기리미」의 「자른다」와 마찬가지로 「찌른다」란 말도 싫어했기 때문에, 간사이 지방에서는 생선

자르는 것을 「만든다」고 해서, 생선회를 「오쓰쿠리」라고 하게 되었습니다.

関東ではマグロなどの赤身の魚が好まれ、関西では鯛などの白身の魚が好まれる傾向があります。

간토 지방에서는 참치 같은 붉은 생선살을 좋아하고, 간사이 지방에서는 조기 같은 흰 생선살을 좋아하는 경향이 있습니다.

韓国の刺身文化(한국의 회 문화)

韓国語では「フェ」といいますが、日本語由来の言葉として「サシミ」ということもあります。

한국어로는 「회」라고 하지만, 일본어에서 유래한 「사시미」를 그대로 사용하는 경우도 있습니다.

韓国では白身魚を1匹まるごと刺身とすることが多いです。

한국에서는 살이 흰 생선을 한 마리 통째로 회를 뜨는 경우가 많습니다.

焼肉同様にちしゃや荏胡麻の葉などで包み、コチュジャンと酢を混ぜ合わせたチョコチュジャンにつけて食べます。

불고기와 마찬가지로 상추나 깻잎 등에 싸서 고추장과 식초를 섞은 초고추장에 찍어 먹습니다.

6 ラーメン (라멘)

ラーメンはもともとは中華料理(ちゅうかりょうり)であって、中国(ちゅうごく)から日本(にほん)に輸入(ゆにゅう)されてきたものです。

라면은 원래 중화요리이고, 중국에서 일본으로 들어온 것입니다.

日本(にほん)にはさまざまなラーメンがあります。豚骨(とんこつ)ラーメン、醤油(しょうゆ)ラーメン、味噌(みそ)ラーメン、塩(しお)ラーメンが代表的(だいひょうてき)です。

일본에는 여러 종류의 라면이 있습니다. 돈코쓰라면, 쇼유라면, 미소라면, 시오라면이 대표적입니다.

醤油(しょうゆ)ラーメン

쇼유(간장)라면

味噌(みそ)ラーメン

미소(된장)라면

塩(しお)ラーメン

시오(소금)라면

豚骨(とんこつ)ラーメン

돈코쓰(돼지뼈)라면

豚骨ラーメンは九州に多いです。九州でラーメン屋といえば、豚骨が普通です。味噌ラーメンといえば北海道です。コーンやバターやもやしなどをトッピングし、寒い中食べるというイメージです。味噌ラーメンは高いというイメージがあります。醤油ラーメンは、本州のラーメンと言ってもいいです。本州という範囲が広いため、魚のダシをふんだんに使ったものや野菜のコクを追及したものと、さまざまです。

돈코쓰라면은 규슈에 많습니다. 규슈에서 라면집이라고 하면, 주로 돈코쓰라면입니다. 미소라면이라고 하면 홋카이도입니다. 옥수수나 버터, 콩나물 같은 재료를 얹어서, 추위 속에서 먹는다는 이미지입니다. 미소라면은 비싸다는 이미지가 있습니다. 쇼유라면은, 혼슈의 라면이라고 해도 될 정도입니다. 혼슈는 지역이 넓기 때문에 생선 육수를 넉넉히 사용하거나 채소의 감칠맛을 내는 것 등 여러 종류가 있습니다.

韓国のラーメン文化(한국의 라면 문화)

韓国のラーメンはインスタントラーメンが主流で、食堂で提供されるのも即席めんです。

한국 라면은 인스턴트라면이 주류이고, 식당에서 제공되는 것도 즉석 면입니다.

韓国の食堂では金色の鍋で調理し、料金に応じてトッピングとしてチーズや卵、餅を加えて調理します。

한국 식당에서는 노란색 냄비에 조리하고, 요금에 따라 토핑으로 치즈나 달걀, 떡을 얹어 조리합니다.

韓国のラーメンは日本のものよりも、麺がモチモチしているのが特徴です。

한국 라면은 일본 라면보다 면이 쫄깃쫄깃한 것이 특징입니다.

7 どんぶり(돈부리)

どんぶりとは、ご飯とおかずを一つの丼に盛った日本の料理です。

돈부리란, 밥과 반찬을 하나의 사발에 담은 일본요리입니다.

日本の料理は普通ご飯を小さな茶碗に盛り、おかずはほかの皿に盛られて食卓に出されますが、どんぶりは茶碗より大きな丼にご飯を入れ、上にさまざまな具をのせたもので、これ一つで食事を済ますことができます。

일본요리는 보통 밥은 작은 밥그릇에 담고, 반찬은 다른 접시에 담아 식탁으로 내옵니다만, 돈부리는 밥그릇보다 큰 사발에 밥을 넣고, 그 위에 여러 가지 반찬을 얹은 것으로, 이것 하나로 식사를 끝낼 수 있습니다.

代表的な具は、天ぷら、とんかつ、うなぎ、鶏肉、卵、まぐろ刺身などです。

대표적인 반찬은, 튀김, 돈가스, 뱀장어, 닭고기, 달걀, 참치회 같은 것입니다.

どんぶりの種類(しゅるい)(돈부리의 종류)

親子(おやこ)どん
오야코돈

カツどん
가쓰돈

天(てん)どん
덴돈

牛(ぎゅう)どん
규돈

中華(ちゅうか)どん
주카돈

開花(かいか)どん
가이카돈

ネギトロどん
네기토로돈

玉(たま)どん
다마돈

鰻(うなぎ)どん
우나기돈

カレーどん
카레돈

カルビどん
갈비돈

木(こ)の葉(は)どん
고노하돈

深川(ふかがわ)どん

후카가와돈

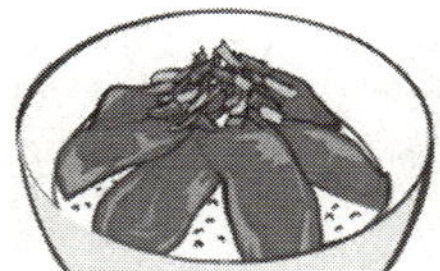

鉄火(てっか)どん

뎃카돈

他人(たにん)どん

타인돈

ソースカツどん

소스카쓰돈

豚(ぶた)どん

부타돈

海鮮(かいせん)どん

가이센돈

目玉焼(めだまや)きどん

계란 프라이돈

うにどん

성게덮밥

深川(ふかがわ)どん

후카가와돈

8 そば・うどん(소바・우동)

伝統的な麺類としてはそばとうどんの２種類があります。

전통적인 면요리로는 소바와 우동, 두 종류가 있습니다.

そばの原料はそば粉です。茶色で細く、少し堅い食感です。主に東京を含む東側で好まれます。

소바의 원료는 메밀가루입니다. 갈색으로 가늘고, 조금 단단한 식감입니다. 주로 도쿄를 포함해서 동쪽에서 사랑받고 있습니다.

うどんの原料は小麦粉で、白くて太く、やわらかい食感です。主に大阪や京都を含む西側で好まれます。

우동의 원료는 밀가루이고, 하얗고 굵고, 부드러운 식감입니다. 주로 오사카나 교토를 포함한 서쪽에서 사랑받고 있습니다.

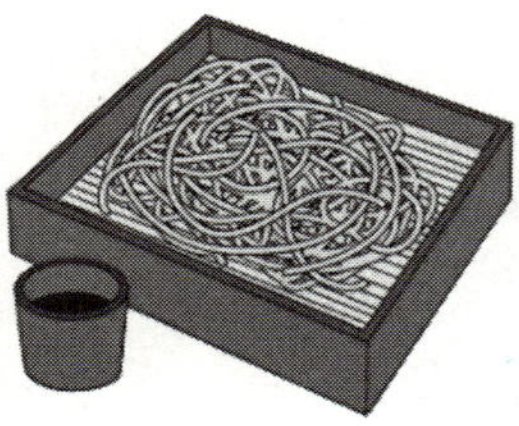

そば
소바

うどん
우동

そば・うどんのマナー(소바・우동의 매너)

そば・うどんだからといって、音を立てて食べて良いということはありません。基本は音を立ないのがマナーと言えます。しかし、日本では麺類に関してはすする音くらい立てても良いという暗黙の了解があります。

소바・우동이라고 해서 소리를 내어 먹어도 좋다는 것은 아닙니다. 기본은 소리를 내지 않는 것이 매너라고 할 수 있습니다. 그러나 일본에서는 면류에 관해서는 후루룩 소리 정도는 내도 좋다는 암묵적인 양해가 있습니다.

海外では音を立てて食べる行為は下品と見なされます。麺類をすすって食べるのは日本の文化で許されている行為であって、海外では通用しないのです。

외국에서는 소리를 내고 먹는 것을 상스러운 행위로 봅니다. 면요리를 후루룩거리며 먹는 것은 일본의 문화에서 허용되는 행위이고, 외국에서는 통하지 않습니다.

種類(종류)

天ぷらそば・うどん
튀김 소바・우동

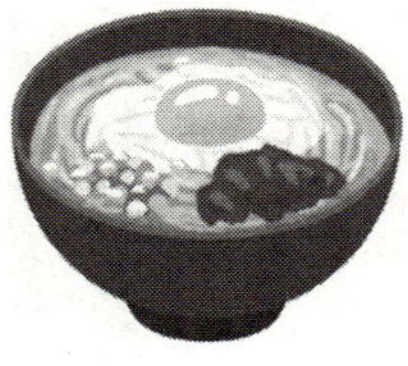

つきみそば・うどん
날달걀 얹은 소바・우동

きつねそば・うどん
유부 넣은 소바・우동

たぬきそば・うどん

튀김 부스러기 넣은 소바·우동

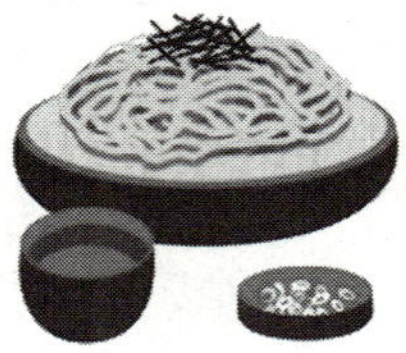

もりそば

모리소바

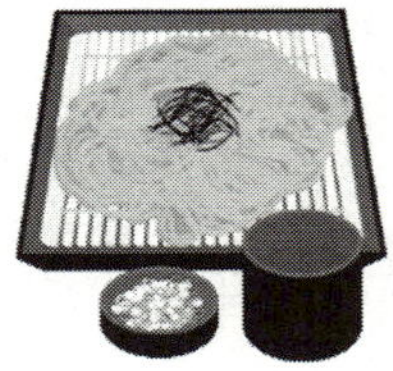

ざるそば

자루소바

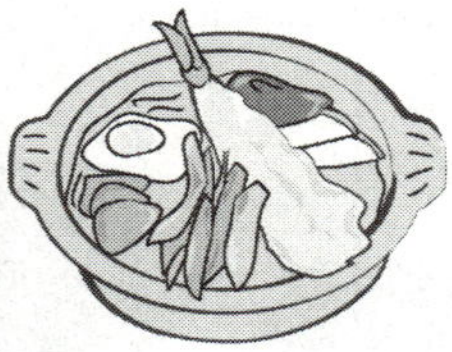

鍋焼(なべや)きうどん

뚝배기우동

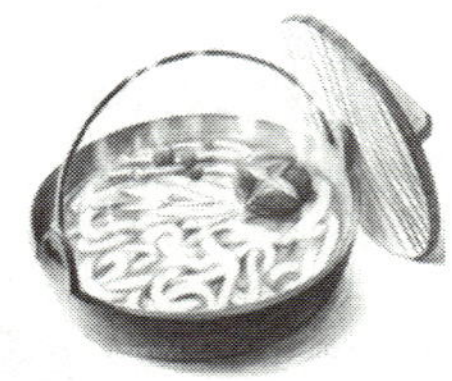

釜揚(かまあ)げそば・うどん

가마아게 소바·우동

ぶっかけうどん

붓카케 우동

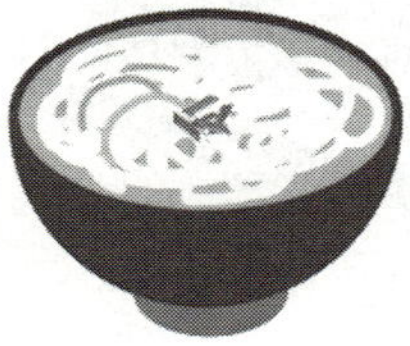

かけうどん

가케우동

つけ汁(じる)うどん

쓰케지루우동

煮込(にこ)みうどん

니코미우동

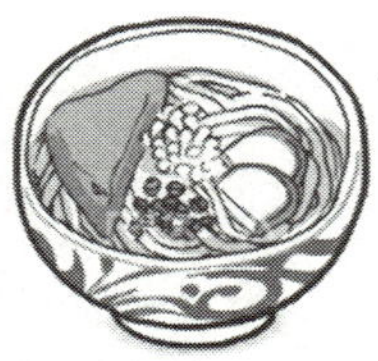

きざみうどん

기자미우동

力(ちから)うどん

지카라우동

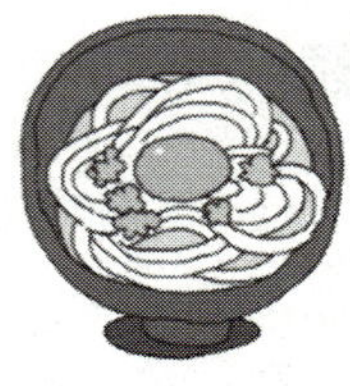

とじうどん

도지우동

9 焼きそば(야키소바)

焼きそばとは、日本の麺料理の一種です。中華麺とブタのばら肉、キャベツを炒めて、焼きそばソースまたは塩、オイスターソース、しょうゆで味付けし、トッピングには青海苔とかつおぶし、しょうがをのせて食べます。

야키소바란, 일본 면요리 중 하나입니다. 중화면과 돼지고기 안심살, 양배추를 볶아서, 야키소바 소스 또는 소금, 굴소스, 간장으로 맛을 내고, 토핑으로는 파래와 가다랑어포, 생강을 얹어 먹습니다.

焼きそばというと「日本三大焼きそば」と言われるものがあります。富士宮焼きそば(静岡県)、横手焼きそば(秋田県)、太田焼きそば(群馬県)が、それです。

야키소바라고 하면 「일본 3대 야키소바」라는 것이 있습니다. 후지노미야 야키소바(시즈오카현), 요코테 야키소바(아키타현), 오타 야키소바(군마현)가 그것입니다.

富士宮焼きそばは油かすと削り節をトッピング、横手焼きそばは目玉焼きをトッピングなど、どちらも明確な特徴がありますけど、太田焼きそばは店ごとにみんなバラバラで統一性はないです。

후지노미야 야키소바는 깻묵과 얇게 깎은 가다랑어포를 토핑하고, 요코테 야키소바는 달걀 프라이를 토핑하는 등, 각기 분명한 특징이 있습니다만, 오타 야키소바는 가게마다 제각기 다른 모양으로 통일성이 없습니다.

10 お好み焼き (오코노미야키)

お好み焼きとは、小麦粉を水で、溶かして肉やキャベツなどの野菜、イカなどの海産物を混ぜて平たく焼き、その上にソースやマヨネーズ、かつおぶし、青海苔をのせて食べる鉄板焼き料理の一つです。

오코노미야키란, 밀가루를 물에 녹여서 고기나 양배추 등의 채소, 오징어 같은 해산물을 섞어서 넓게 펴서 굽고, 그 위에 소스나 마요네즈, 가다랑어포, 파래를 얹어 먹는 철판구이 요리 중 하나입니다.

呼び名も、好みの材料をのせて焼くという意味の「お好み焼き」へと変わり、女性や子どものおやつというイメージから、より大衆向けの味へと進化しました。

호칭도 좋아하는 재료를 얹어 굽는다는 의미인 「오코노미야키」로 바뀌고, 여성이나 아이들의 간식이라는 이미지에서, 보다 대중을 향한 맛으로 진화하였습니다.

「大阪お好み焼き」は、お好み焼きを代表する味として、多くの人たちから愛されています。また大阪だけでなく地方によって焼き方や具材が違い、名称も変わるのもお好み焼きの特徴です。大阪と並んで有名なのが「広島風お好み焼き」です。

「오사카 오코노미야키」는, 오코노미야키를 대표하는 맛으로, 많은 사람에게서 사랑받고 있습니다. 또 오사카뿐만 아니라 지방에 따라 굽는 방법이나 재료가 다르고, 명칭이 바뀌는 것도 오코노미야키의 특징입니다. 오사카만큼 유명한 것이 「히로시마식 오코노미야키」입니다.

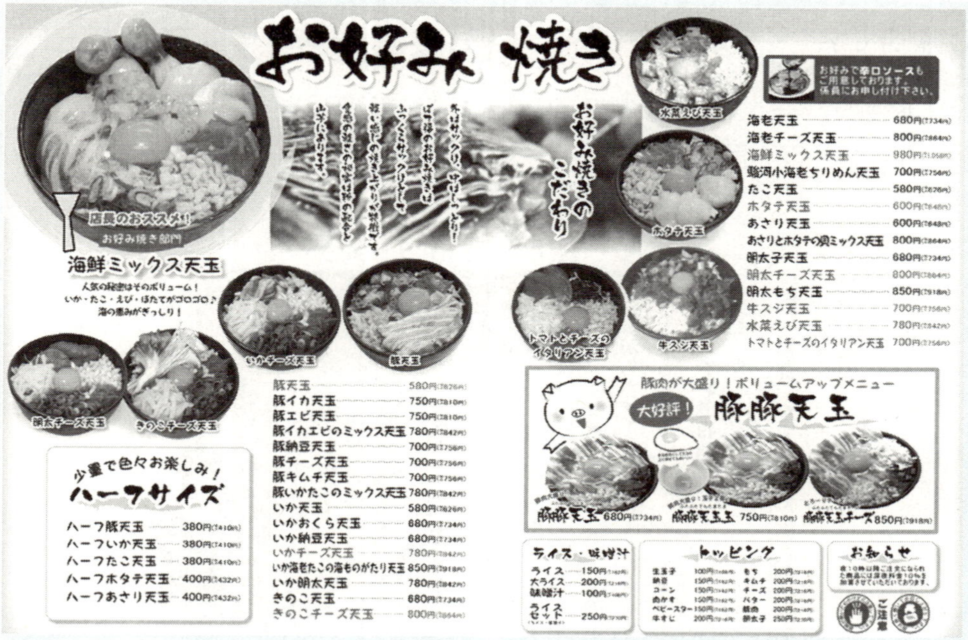

もんじゃ焼(や)き(몬자야키)

もんじゃ焼(や)きは、小麦粉(こむぎこ)を水(みず)で、溶(と)かして鉄板(てっぱん)で調理(ちょうり)して食(た)べる東京近郊(とうきょうきんこう)のローカルフードです。

몬자야키는, 밀가루를 물로 녹여서 철판에 조리해서 먹는 도쿄 일대의 로컬 푸드입니다.

西日本(にしにほん)(大阪(おおさか)・広島(ひろしま))の名物(めいぶつ)である「お好(この)み焼(や)き」に対(たい)し、東(ひがし)のライバルと目(め)されるのが「もんじゃ焼(や)き」です。

서일본(오사카・히로시마)의 명물인 「오코노미야키」에 대해, 동쪽의 라이벌로 주목받는 것이 「몬자야키」입니다.

しかし、店舗数(てんぽすう)では、お好(この)み焼(や)きの方(ほう)が圧倒的(あっとうてき)に多(おお)いです。「ライバル」扱(あつか)いされることもあるとはいえ、そもそも、お好(この)み焼(や)きVSもんじゃ焼(や)きという対(たい)

決(けつ)は無理(むり)です。

그러나 가게 수는, 오코노미야키 쪽이 압도적으로 많습니다. 라이벌로 보는 경우가 있긴 하지만, 원래 오코노미야키 VS 몬자야키라는 비교는 무리입니다.

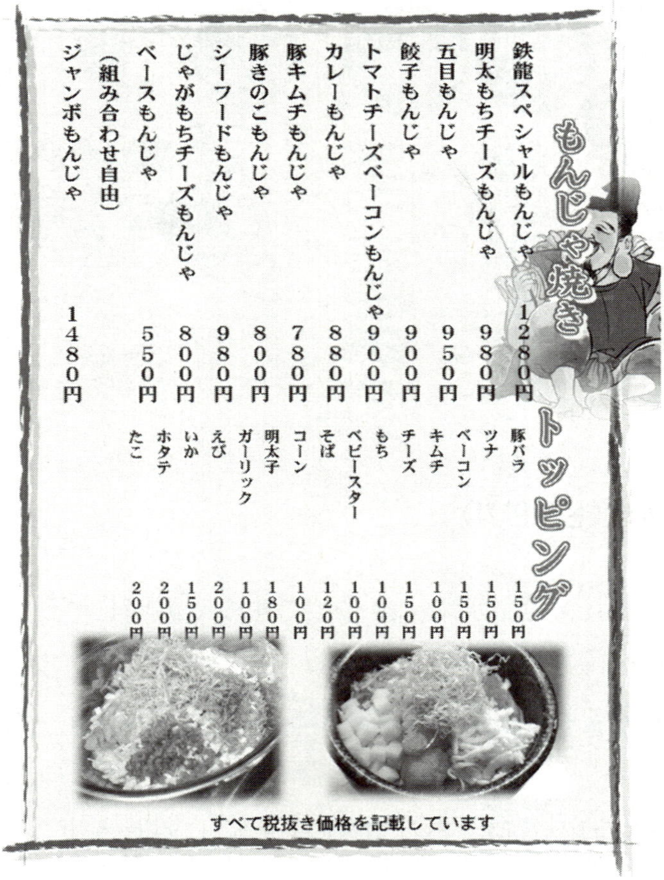

11 家庭料理(가정요리)

ご飯(밥)

家庭料理の主食はご飯です。白米、玄米、五穀米などがあります。

가정요리의 주식은 밥입니다. 백미, 현미, 오곡미 등이 있습니다.

みそ汁(된장국)

だしにみそを加えた汁物です。具材は、野菜、豆腐、貝や海藻などがあります。

맛국물에 된장을 첨가한 국입니다. 재료로는 채소, 두부, 조개나 해초 등이 있습니다.

漬け物(절임)

野菜を、塩、酢、醬油、みそなどで漬けたものです。風味がよく、保存性が高いものです。

채소를 소금, 식초, 간장, 된장 등으로 절인 것입니다. 구수하고 보존성이 높습니다.

主な家庭料理(주요 가정요리)

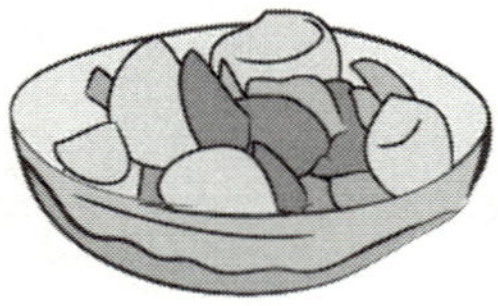

肉じゃが
고기감자조림

お好み焼き
오코노미야키

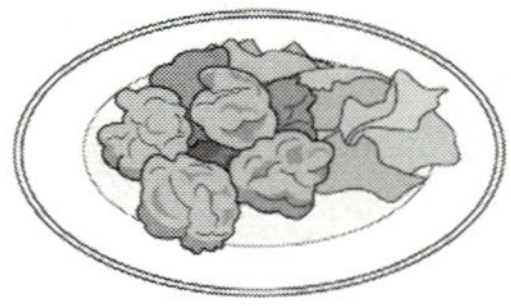

鳥のから揚げ
닭고기튀김

豚のしょうが焼き
돼지고기생강구이

焼き魚
생선구이

さばの味噌煮
고등어된장조림

きんぴら
우엉볶음

ポテトサラダ
감자샐러드

卵焼き
달걀말이

12 会席料理(가이세키 요리)

会席料理とは、江戸時代に財産を築いた商人たちが礼儀に縛られず、贅沢な料理を豪華な食器で楽しもうと作られた宴会向きの料理のことです。

가이세키 요리란, 에도 시대에 부를 축적한 상인들이 예의에 얽매이지 않고, 값비싼 요리를 호화로운 식기에 담아서 즐기려고 만든 연회용 요리입니다.

一般的にお酒を楽しむための肴が最初に出て、少しづつお腹にたまるもの(てんぷらなど)が出てきます。温かい茶碗蒸しなども、後から提供されます。それから、ご飯やお寿司などに進み、デザートやお茶が出て、おひらきとなります。

일반적으로 술을 즐길 수 있는 안주가 먼저 나오고, 시장기를 달래줄 음식(튀김 등)이 조금씩 나옵니다. 따뜻한 달걀찜 같은 것도 나중에 제공됩니다. 그리고 밥이나 초밥 등으로 이어지고, 디저트나 차가 나오면서 끝이 납니다.

舌だけでなく目も楽しまることも会席料理の特徴で盛り付けにも力が入っています。

혀뿐만 아니라 눈으로도 즐길 수 있는 것이 가이세키 요리의 특징으로 음식을 담는 데도 정성을 기울입니다.

現在では、高級な旅館や料亭などで多く供されています。

현재는 고급 료칸이나 요정 등에서 많이 제공하고 있습니다.

会席料理の順番(가이세키 요리의 순서)

会席料理は、次のような順番で、料理が出てきます。しかし、普通の旅館などでは簡略化され、全部一緒に出てくる場合もあります。

가이세키 요리는 다음과 같은 순서로 나옵니다. 그러나 보통 료칸 등에서는 간소화해서 모두 함께 나오는 경우도 있습니다.

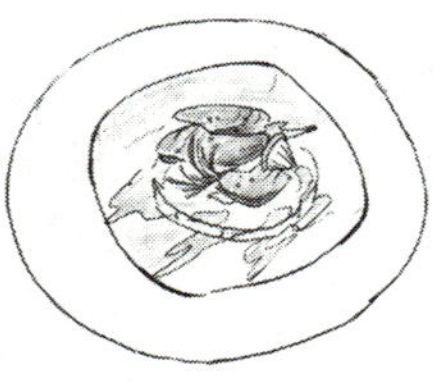

① 前菜
전채

② 八寸
그날의 중심 요리

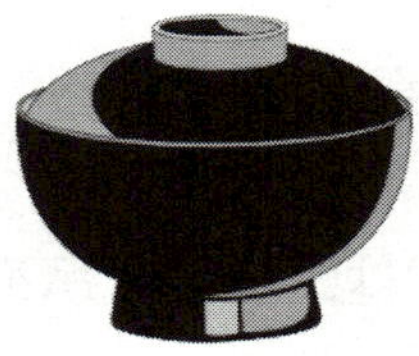

③ 椀物
맑은 국물요리

④ お造(つく)り

생선회

⑤ 煮物(にもの)

조림

⑥ 焼(や)き物(もの)

구이

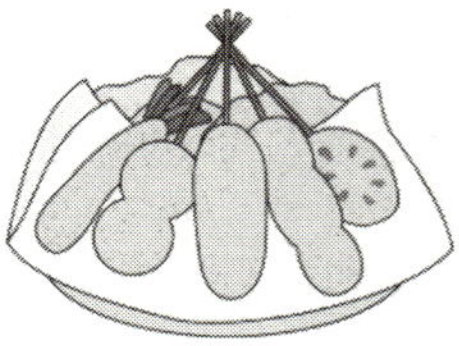

⑦ 揚(あ)げ物(もの)

튀김

⑧ 蒸(む)し物(もの)

쪄서 만든 요리

⑨ 酢(す)の物(もの)

초무침

⑩ ご飯(はん)・止(と)め椀(わん)・香(こう)の物(もの)

밥・국물(주로 된장국)・채소절임

⑪ 果物(くだもの)

과일

13 鍋料理(냄비요리)

鍋料理(なべりょうり)とは、鍋(なべ)を器(うつわ)にした料理(りょうり)を指(さ)します。一般的(いっぱんてき)な料理(りょうり)は完成(かんせい)したものを食器(しょっき)に盛(も)って出(だ)すのが普通(ふつう)ですが、鍋料理(なべりょうり)は鍋(なべ)ごと食卓(しょくたく)に出(だ)すのが特徴(とくちょう)です。そして卓上(たくじょう)で煮(に)ながら完成(かんせい)させます。

냄비요리란, 냄비를 그릇으로 한 요리를 가리킵니다. 일반적인 요리는 완성한 것을 식기에 담아내는 것이 보편적이지만, 냄비요리는 냄비째로 식탁에 내는 것이 특징입니다. 그리고 식탁 위에서 익히면서 완성시킵니다.

代表的(だいひょうてき)な鍋料理(なべりょうり)としてすき焼(や)き、しゃぶしゃぶ、ちり鍋(なべ)、寄(よ)せ鍋(なべ)、ちゃんこ鍋(なべ)、おでんなどがあります。

대표적인 냄비요리로 스키야키, 샤부샤부, 지리나베, 요세나베, 잔코나베, 오뎅 등이 있습니다.

鍋料理(なべりょうり)のマナー(냄비요리의 매너)

菜箸(さいばし)やお玉(たま)を使(つか)う。

조리용 젓가락이나 국자를 사용한다.

自分(じぶん)が食(た)べる分(ぶん)だけ、取(と)る。

자신이 먹을 만큼 집는다.

鍋(なべ)の中(なか)を、箸(はし)で混(ま)ぜすぎないようにする。

냄비 안을 젓가락으로 뒤적이지 않도록 한다.

鍋料理(なべりょうり)の種類(しゅるい)(냄비요리의 종류)

すき焼(や)き
스키야키

しゃぶしゃぶ
샤부샤부

水炊(みずた)き
미즈타키

寄(よ)せ鍋(なべ)
모둠냄비

ちゃんこ鍋(なべ)
잔코나베

ちり鍋(なべ)
지리나베

材料(ざいりょう)(재료)

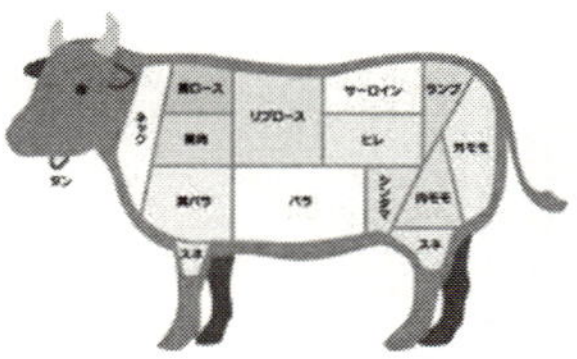

牛肉(ぎゅうにく)
소고기

豆腐(とうふ)
두부

ねぎ
파

春菊(しゅんぎく)
쑥갓

白菜(はくさい)
배추

えのき
팽이버섯

椎茸(しいたけ)
표고버섯

人参(にんじん)
당근

大根(だいこん)
무

14 おにぎり (오니기리)

おにぎりは日本でとてもポピュラーな食べ物です。名前の由来は握って作るからお握りです。表面に巻く食材は海苔が一般的です。形や大きさはさまざまです。

오니기리는 일본에서 가장 대중적인 음식입니다. 오니기리는 손으로 쥐어서 만들었다는 데서 유래되었습니다. 표면에 감는 식재료는 김입니다. 모양이나 크기는 여러 가지입니다.

炊き立ての熱いご飯の中に好みの具を入れ、握って作ります。中に入れる具は、昆布・鮭・梅干・ツナマヨ・焼きたらこ・明太子・じゃこ・おかか・高菜・焼き肉・ハンバーグ・塩辛・天ぷらなどです。

갓 지은 뜨거운 밥 속에 좋아하는 식재료를 넣고, 손으로 쥐어서 만듭니다. 안에 넣는 식재료에는 다시마・연어・우메보시・참치마요・명란구이・명란젓・참조어・가다랑어포・겨자・야키니쿠・햄버거・젓갈・튀김 등이 있습니다.

コンビニとおにぎり(편의점과 오니기리)

おにぎりは日本のコンビニにおいて、欠かせない商品になっています。おにぎりが販売していない店舗は存在しないと言っても過言でないぐらいです。値段は100円前後が多く、安さと美味しさでお昼ご飯としても大人気です。

오니기리는 일본의 편의점에서 빼놓을 수 없는 상품입니다. 오니기리를 판매하지 않는 점포는 없다고 해도 과언이 아닐 정도입니다. 가격은 100엔 전후가 많고, 값이 싼 점과 맛있는 점으로 점심식사로 인기가 높습니다.

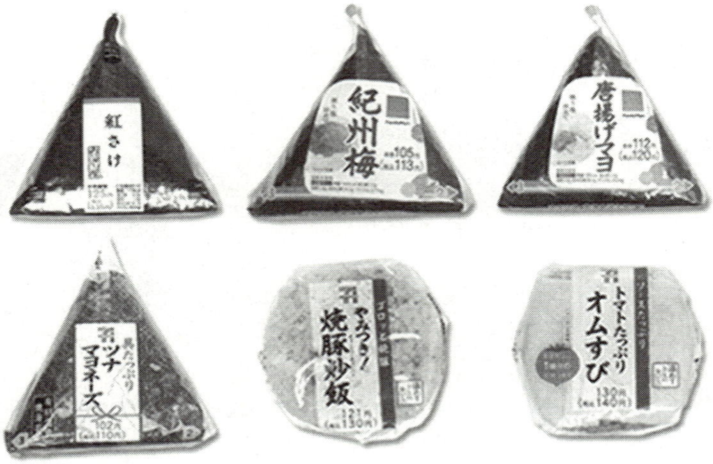

15 お弁当(도시락)

日本では、学校、会社、行楽での昼食として、お弁当を持っていきます。お弁当の中身は基本的に、半分がご飯、半分がおかずです。

일본에서는 학교, 회사, 행락지 등에 점심식사로 도시락을 가지고 갑니다. 도시락의 내용물은 절반이 밥, 절반이 반찬입니다.

手作りすることも多いですが、スーパーやコンビニなどでも売っています。

손수 만드는 경우도 많습니다만, 슈퍼나 편의점 등에서도 팔고 있습니다.

駅弁(에키벤)

駅弁は、駅や列車の中で、売っている弁当で、旅の途中で買って食べます。各駅停車や、普通の急行で旅行している時は、窓を開けて駅弁を買うことができます。

에키벤은, 역이나 열차 안에서 파는 도시락으로, 여행 도중에 사서 먹습니다. 각 역에 정차하거나, 보통 급행열차로 여행할 때는, 창문을 열고 에키벤을 살 수도 있습니다.

地方ごとに特徴のある駅弁、季節ごとに具材の変わる駅弁は魅力的な食べ物であり、駅弁を食べることは旅の一つの目的でもありました。

지방마다 특징이 있는 에키벤, 계절마다 재료가 바뀌는 에키벤은 매력적인 먹거리이고, 에키벤을 먹는 것은 여행 목적의 하나이기도 합니다.

現在は特急の登場や自家用車の発達など交通手段が多様化するにつれて鉄道利用者が減り、駅弁の数も減りました。しかし名物駅弁はファンも多く、今でも連日早い時間に売り切れるほど人気を集めています。

오늘날에는 특급열차의 등장이나 자가용의 발달 등 교통수단이 다양해짐에 따라 철도 이용자가 줄면서, 에키벤 수도 줄었습니다. 그러나 유명 에키벤은 팬도 많고, 지금까지도 연일 조기에 매진될 정도로 인기를 끌고 있습니다.

16 たこ焼き(다코야키)

たこ焼きとは、小麦粉を水で溶いた生地にぶつ切りのタコと薬味を入れ、専用の調理器具でゴルフボール大に丸く成形して焼き上げた食べ物です。

다코야키란, 밀가루를 물로 녹인 반죽에 크고 두껍게 썬 문어와 양념을 넣고, 골프공 크기로 둥글게 만들어 전용 조리기구에 넣어 굽는 먹거리입니다.

大阪のソウルフードの一つで全国的に普及しているが、大阪人は、家ごとにたこ焼きの調理器具を備えているなどとして、発祥の地の権威を保っています。

오사카 솔 푸드의 하나로 전국적으로 보급되어 있지만, 오사카 사람들은, 집집마다 다코야키 조리기구를 갖추고 있는 등 발상지의 권위를 간직하고 있습니다.

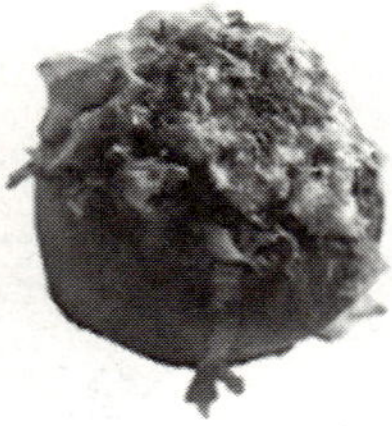

17 梅干し(우메보시)

梅干しとは、ウメの果実を塩漬けしたあと日干しにした、日本の保存食です。赤っぽい見た目をしています。

우메보시란, 매실을 소금에 절인 후 햇볕에 말린, 일본의 보존식입니다. 겉모양은 불그스름합니다.

殺菌作用があるため、お弁当やおにぎりの具としてもよく使われます。梅干し独特のすっぱさには、疲労回復の効果もあります。日本人は病気で食欲がない時や、風邪気味の時には、おかゆと一緒に梅干しを食べるとよくなる、といって食べています。

살균작용을 하기 때문에, 도시락이나 오니기리의 식재료로도 자주 사용됩니다. 우메보시 특유의 신맛에는 피로회복의 효과도 있습니다. 일본인들은 병으로 식욕이 없을 때나 감기 기운이 있을 때에는 죽과 함께 우메보시를 먹으면 좋아진다고 해서 먹고 있습니다.

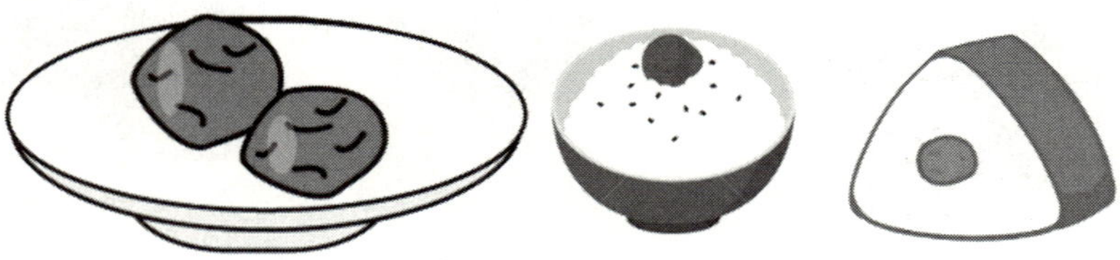

18 納豆(낫토)

納豆は、ゆでた大豆にイースト菌を加えて発酵させて作ります。

낫토는 삶은 콩에 이스트균을 넣고 발효시켜 만듭니다.

納豆が日本でよく食べられるのは納豆に含まれる成分が、健康によいと言われるからです。

일본에서 낫토를 많이 먹는 것은 낫토에 포함되어 있는 성분이 건강에 좋다고 하기 때문입니다.

しかし味とにおいが強烈なため、苦手とする人も多いです。特に関西地方は納豆が嫌いな人が多いです。

그러나 맛과 냄새가 강렬하기 때문에, 싫어하는 사람도 많습니다. 특히 간사이 지방에는 낫토를 싫어하는 사람이 많습니다.

においの少ない納豆が登場したことと、健康ブームで納豆の消費量も上がりつつあります。

냄새가 적은 낫토의 등장과 함께, 건강 붐으로 낫토의 소비량도 계속 늘고 있습니다.

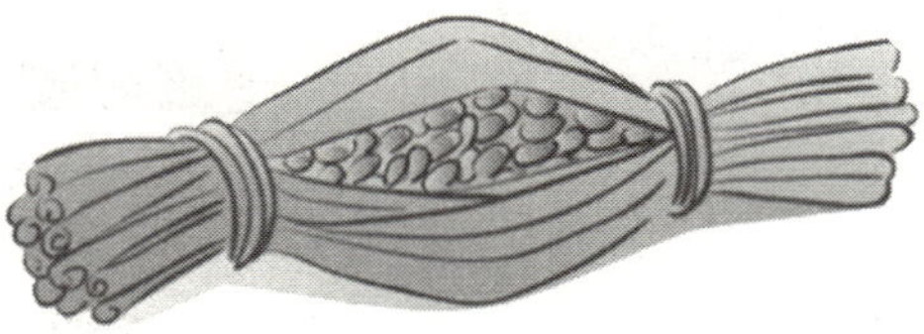

19 てんぷら(튀김)

「てんぷら」は、野菜や魚介類に衣をつけて、高温の油で揚げたものです。

「튀김」은 채소나 어패류에 옷을 입혀서, 고온의 기름으로 튀긴 것입니다.

日常の総菜として、また懐石料理の一品として、人気があります。てんぷらをご飯にのせた「天どん」や、うどんにのせた「てんぷらうどん」など、いろいろと応用も楽しめます。

일상적인 반찬으로, 혹은 회석요리의 하나로 인기가 있습니다. 튀김을 밥에 얹은 「덴돈」이나 우동에 얹은 「튀김우동」 등, 여러 형태로 응용해서 즐길 수 있습니다.

てんぷらは外国でも、すし、すき焼きなどとともに親しまれている日本料理の一つです。

튀김은 외국에서도 초밥, 스키야키 등과 함께 친근하게 여겨온 일본요리 중 하나입니다.

材料(재료)

海老
새우

鱚
보리멸

いか
오징어

あなご
붕장어

なす
가지

かぼちゃ
호박

蓮根(れんこん)
연뿌리

椎茸(しいたけ)
표고버섯

舞茸(まいたけ)
잎새버섯

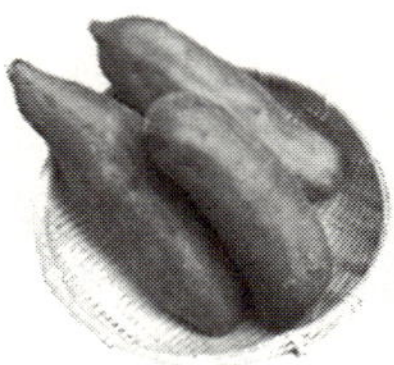

さつまいも
고구마

タラの芽(め)
두릅

青(あお)シソの葉(は)
깻잎

20 みそ汁(된장국)

日本の家庭でも、「ごはんとみそ汁」という伝統的な朝食を好む人は数多くいます。

일본 가정에서도 「밥과 된장국」이라는 전통적인 아침식사를 선호하는 사람들이 많습니다.

だし汁に野菜・豆腐・海藻・貝など季節の旬の食材やその地方の特産物を入れて煮、その中に味噌を溶かした汁物がみそ汁です。

국물에 채소 · 두부 · 해초 · 조개 등의 제철 식재료나 그 지방의 특산물을 넣고 끓여서, 그 속에 된장을 푼 국이 된장국입니다.

21 日本酒(니혼슈)

日本で作られたお酒だから「日本酒」なのです。

일본에서 만들어진 술이기 때문에 「니혼슈」입니다.

日本酒は、米と麹と水で作られた「醸造酒」です。

니혼슈는, 쌀과 누룩과 물로 만든 「양조주」입니다.

全国で様々な種類の酒が製造されており、各地の地酒として特色のある商品が流通しています。

전국적으로 여러 종류의 술이 제조되고 있고, 각 지방의 토속주로써 특색 있는 상품이 유통되고 있습니다.

酒器(しゅき)(술잔이나 술병 등)

徳利(とっくり)

돗쿠리(술병)

お猪口(ちょこ)

오초코

徳利袴(とっくりはかま)

돗쿠리하카마

銚子(ちょうし)

주전자

片口(かたくち)

가타쿠치

カラカラ

가라카라

一升瓶(いっしょうびん)

한 됫병

角樽(つのだる)

쓰노다루

指樽(さしだる)

사시다루

日本酒の名称(니혼슈의 명칭)

原料や精米歩合によって、次のように分けられます。

원료나 정미비율에 따라, 다음과 같이 나눌 수 있습니다.

명칭	사용원료	정미 정도
本醸造酒(혼조조슈)	米、米麹、醸造アルコール 쌀, 누룩, 양조 알코올	70% 이하
吟醸酒(긴조슈)	米、米麹、醸造アルコール 쌀, 누룩, 양조 알코올	60% 이하
大吟醸酒(다이긴조슈)	米、米麹、醸造アルコール 쌀, 누룩, 양조 알코올	50% 이하
純米酒(준마이슈)	米、米麹 쌀, 누룩	–
純米吟醸酒(준마이긴조슈)	米、米麹 쌀, 누룩	60% 이하
純米大吟醸酒(준마이다이긴조슈)	米、米麹 쌀, 누룩	50% 이하
特別本醸造酒(특별혼조조슈)	米、米麹、醸造アルコール 쌀, 누룩, 양조 알코올	60% 이하 또는 특별한 제조방법
特別純米酒(특별준마이슈)	米、米麹 쌀, 누룩	60% 이하 또는 특별한 제조방법

22 和菓子(와가시)

日本のお菓子、あるいは日本風のお菓子を「和菓子」と言います。

일본 과자, 혹은 일본풍의 과자를 「와가시」라고 합니다.

和菓子と言えば、季節とは切っても切れません。たとえば、よもぎ餅は春を代表する和菓子です。夏になれば、冷たい水羊羹がおいしいです。

와가시는 계절과 끊으려야 끊을 수가 없습니다. 예를 들면, 쑥으로 만든 과자는 봄을 대표하는 와가시입니다. 여름이 되면 차가운 물 양갱이 맛있습니다.

春に牡丹の花が咲く頃に「ぼたもち」、秋に萩の花が咲く頃に「おはぎ」と言っていたのです。これらは、名前は違っていても同じ和菓子です。このように季節によって名前を変えているように、日本人は季節とその時々の和菓子を楽しんできたと言えます。

봄에 모란꽃이 필 무렵에 「보타모치」, 가을에 싸리꽃이 필 무렵에 「오하기」라고 했습니다. 이들은 이름은 달라도 같은 와가시입니다. 이렇게 계절에 따라 이름을 바꾸듯이, 일본인들은 계절마다 계절에 맞는 와가시를 즐겼다고 할 수 있습니다.

また、和菓子の中には特別にデザインされたものもあります。梅や桜、鶴や亀といった形です。それらを見ているだけでも楽しいものです。

또 와가시 중에는 특별히 디자인된 것도 있습니다. 매화나 벚꽃, 학이나 거북 같은 모양입니다. 이들은 보는 것만으로도 즐겁습니다.

主な和菓子(주요 와가시)

桜餅
사쿠라모치

草餅
구사모치

お団子
경단

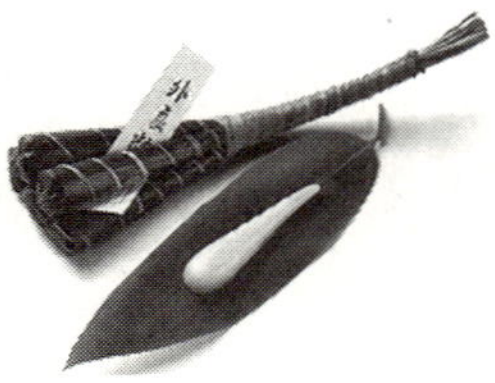

ちまき
지마키

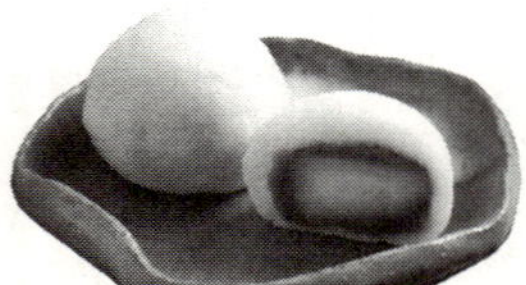

大福
다이후쿠

饅頭
만주

もなか
모나카

羊羹
양갱

おはぎ
오하기

くずもち
구즈모치

大判焼き
오반야키

どら焼き
도라야키

おしるこ
단팥죽

あんみつ
안미쓰

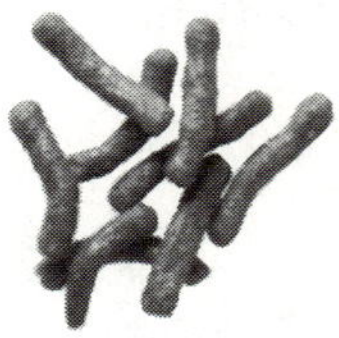

かりんとう
가린토

せんべい
센베이

あられ
아라레

ところてん
우무묵

Ⅶ 芸能
예능

1. 能(노) | 2. 文楽(분라쿠) | 3. 歌舞伎(가부키) | 4. 狂言(교겐) | 5. 茶道(다도)
6. 伝統音楽(전통음악) | 7. 日本画(일본화) | 8. 浮世絵(우키요에)
9. 鳥獣戯画(조수회화) | 10. 陶磁器(도자기)

1 能(노)

日本最古の演劇である「能」は、室町時代に観阿弥・世阿弥父子によって大成を見た伝統芸能です。特に豊臣秀吉がこれを好み、自ら演じたのは有名な話です。

일본에서 가장 오래된 연극인 「노」는, 무로마치 시대에 간아미・제아미 부자에 의해 집대성된 전통예능입니다. 특히 도요토미 히데요시가 노를 좋아해서 스스로 연출한 일화는 유명합니다.

能は舞踊と音楽が中心です。「謡」という声楽と「囃子」という楽器演奏に乗せて、舞踏的な動きで物語を進めていきます。

노는 무용과 음악이 중심입니다. 「우타이」라는 성악과 「하야시」라는 악기연주에 맞추어 춤추듯이 움직이며 이야기를 진행시켜 갑니다.

登場人物の役割(등장인물의 역할)

主役を、"シテ"、脇役を"ワキ"と言います。

주연을 "시테", 조연을 "와키"라고 합니다.

シテ(主人公〔しゅじんこう〕)

시테(주인공)

ツレ(シテの助演者〔じょえんしゃ〕)

쓰레(시테의 조연자)

ワキ(シテの相手役〔あいてやく〕)

와키(시테의 상대역)

ワキツレ(ワキの助演者〔じょえんしゃ〕)

와키쓰레(와키의 조연자)

能〔のう〕の動作〔どうさ〕(노의 동작)

ウチ合〔あ〕ワセ

우치아와세

驚〔おどろ〕いています。

놀라고 있습니다.

シオリ

시오리

泣〔な〕いています。

울고 있습니다.

ユウケン

유켄

晴々〔はればれ〕した気持〔きも〕ちです。

상쾌한 기분입니다.

能面(가면)

能の特徴は、「能面」という仮面を使う仮面劇です。

노의 특징은 「노멘」이라는 가면을 사용하는 가면극이라는 것입니다.

般若

반야

憤怒、嫉妬、苦悩を表す鬼女を表現しています。

분노, 질투, 고뇌를 나타내는 여자 귀신을 표현하고 있습니다.

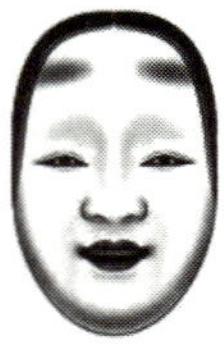

小面

고오모테

若い女性の可憐で美しい表情を表現しています。

젊은 여성의 가련하고 아름다운 표정을 표현하고 있습니다.

大べしみ

오베시미

神通力を持った天狗の面です。

신통력을 가진 덴구 가면입니다.

尉面

쇼멘

老翁を表す面です。

늙은이를 표현하는 가면입니다.

能の音楽(노의 음악)

能の音楽は、小鼓、大鼓、太鼓の打楽器と横笛の「能管」によって奏でられます。能管は舞台上、唯一の旋律楽器で、その音色は、西洋の笛や他の日本の笛とも大きく違います。

노의 음악은, 고쓰즈미, 오쓰즈미, 다이코 등의 타악기와 횡적인 「노칸」에 의해 연주됩니다. 노칸은 무대 위의 유일한 선율악기로, 그 음색은 서양의 피리나 일본의 다른 피리와도 전혀 다릅니다.

能舞台(のうぶたい)(노의 무대)

能舞台(のうぶたい)は6メートル四方(しほう)で、無駄(むだ)なく舞台(ぶたい)を使(つか)うようになっています。

노의 무대는 사방 6m로, 가장 효과적으로 무대를 사용할 수 있게 되어 있습니다.

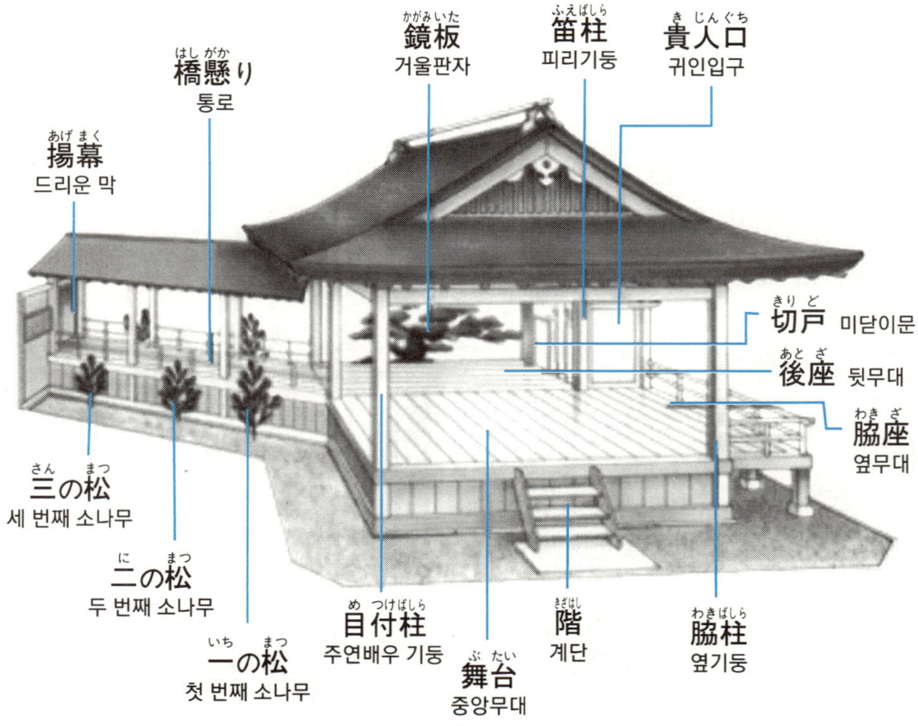

2 文楽(분라쿠)

文楽は日本国有の人形劇で、「人形浄瑠璃」とも言います。人形浄瑠璃という名称はその起源と本質を示しています。浄瑠璃とは、三味線の伴奏で節をつけて語る語りものの様式の名前であり、それを人形を用いて表すのが人形浄瑠璃です。

분라쿠는 일본 고유의 인형극으로 「인형조루리」라고도 합니다. 인형조루리라는 명칭은 그 기원과 본질을 나타냅니다. 조루리는 샤미센 반주에 가락을 붙여 이야기하는 연극의 이름이며, 이것을 인형을 이용해서 나타내는 것이 인형조루리입니다.

人形を動かして見せる芸も、物語に節をつけて語り聞かせる芸も、古くからありましたが、両者が結びついたのが1600年ごろです。

인형을 움직여서 보여주는 예능도, 이야기에 가락을 붙여서 들려주는 예능도 옛날부터 있었습니다만, 이 둘이 결합된 것은 1600년경입니다.

文楽(ぶんらく)の人形(にんぎょう)(분라쿠의 인형)

人形(にんぎょう)の身長(しんちょう)は、1mから1.5mで、重(おも)いものは10kgにもなります。

인형의 키는, 1m에서 1.5m이고, 무거운 것은 10kg나 됩니다.

若男(わかおとこ)

検非違使(けびいし)

源太(げんた)

文七(ぶんしち)

娘(むすめ)

傾城(けいせい)

お福(ふく)

ガブ

「ガブ」は、美しい女の顔が鬼の顔に変わります。

「가부」는, 아름다운 여성의 얼굴이 귀신의 얼굴로 바뀌는 것입니다.

女人形にはふつうは足がないので、動かすのに熟練した技術が必要です。

여자 인형에는 일반적으로 발이 없기 때문에, 움직이는 데 숙련된 기술이 필요합니다.

人形遣い(인형을 조종하는 사람)

三人で一体の人形を動かします。

세 사람이 하나의 인형을 조종합니다.

① 主遣い : 중심이 되는 인형을 움직이는 사람

② 左遣い : 인형의 왼손을 조작하는 사람

③ 足遣い : 인형의 다리를 조작하는 사람

3 歌舞伎(가부키)

歌舞伎は、400年以上の歴史を持つ日本の伝統演劇です。

「歌舞伎」の意味は「かたぶく」と言う動詞の名詞形です。人目に立つような服装をしたり、行動をしたりする人を「かぶき者」と言い、当時、日常語として、使われていました。

가부키는, 400년 이상의 역사를 가진 일본 전통연극입니다. 가부키의 뜻은 「기울다」라는 말의 명사형입니다. 남의 눈에 띄기 위한 복장을 하거나 행동을 하는 사람을 「가부키모노」라고 해서 당시에는 일상적인 말로 사용되고 있었습니다.

오쿠니(阿国)

1603年、出雲大社の巫女であった阿国という女性が、京都の北野天満宮に出てきて、宗教的な念仏踊りを人々に見せ、たいへん評判になりました。彼女は変わった衣装を着て踊りました。

1603년, 이즈모타이샤의 무녀였던 오쿠니라는 여성이, 교토의 기타노텐만구로 와서, 여러 사람 앞에서 종교적인 염불에 가락을 붙여 춤을 추게 되었고, 그것은 대단한 평가를 받았습니다. 그녀는 특이한 옷을 입고 춤을 추었습니다.

「阿国歌舞伎」は、いち早く「遊女買い」を舞台に取り入れ人気を獲得しました。そして、その「阿国歌舞伎」の人気にあやかり、京都の遊郭の女性達による「遊女歌舞伎」が流行します。「遊女歌舞伎」は、売春による風紀紊乱の理由で、1629年に禁止されました。

「오쿠니가부키」는, 일찍이 「유녀 매춘」을 무대에 도입하여 인기를 얻었습니다. 그리고 그 「오쿠니가부키」의 인기에 편승하여, 교토 유곽의 여성들에 의해 「유녀가부키」가 유행하게 됩니다. 「유녀가부키」는 매춘에 의한 풍기문란의 이유로 1629년에 금지되었습니다.

「遊女歌舞伎」が禁止されると、今度は、美少年を中心にした「若衆歌舞伎」が流行します。若衆とは、12歳から15歳までくらいの美美少年達です。

「유녀가부키」가 금지되자, 이번에는 미소년을 중심으로 한 「와카슈가부키」가 유행하였습니다. 와카슈란, 12살에서 15살까지 정도의 미소년들입니다.

遊女歌舞伎が、男性に愛好されたのに対して、若衆歌舞伎は、男性の同性愛者に愛好されました。芸能がいかに性と深い関連があるかがわかります。

やがて、若衆歌舞伎も風紀紊乱の問題で、1652年に禁止されました。

유녀가부키가 남성들에게 사랑받은 것이라면, 와카슈가부키는 남성 동성애자들의 사랑을 받았습니다. 예능이 성과 얼마나 깊은 관련이 있는지를 알 수 있습니다. 드디어 와카슈가부키도 풍기문란의 문제로, 1652년에 금지되었습니다.

翌年、1653年3月、男性だけで演じる「野郎歌舞伎」の許可が出ます。その条件は、前髪を切ること、性的舞踊の自粛などでした。

다음해인 1653년 3월, 남자만으로 연기하는 「야로가부키」에 대한 허가가 나오게 됩니다. 그 조건은 앞머리를 자를 것, 성적 무용의 자제 등이었습니다.

歌舞伎の登場人物(가부키의 등장인물)

和事師
와고토시

恋愛などの劇に登場する二枚目の役者。

연애 등의 연극에 등장하는 미남배우

荒事師
아라고토시

超人的な力を持っている役者。

초인적인 힘을 가진 배우

女形
온나가타

女役の男優

여자역의 남자배우

立役
다치야쿠

男役の男優

남자역의 남자배우

歌舞伎の舞台(가부키의 무대)

歌舞伎の舞台装置には、花道や回り舞台など独特なものがあります。花道は舞台に向かって観客席を貫いて設けられた通路です。これは俳優が登場、退場するためだけでなく、俳優と観客との交流をも目的とするものです。

가부키의 무대장치에는, 하나미치나 회전무대 같은 독특한 것이 있습니다. 하나미치는 무대를 향해 관객석을 가로질러 설치된 통로입니다. 이것은 배우가 등장・퇴장할 때뿐만 아니라, 배우와 관객 간의 소통에도 목적이 있습니다.

見得と六法(미에와 육법)

「見得」とは、役者が感情表現の頂点に達した時に一瞬動きを止めることです。

「미에」란, 배우가 감정표현의 정점에 달했을 때 일순간 움직임을 멈추는 것입니다.

「六法」は、舞台から引っ込む場合の歌舞伎独特のステップです。

「육법」은, 무대에서 안으로 들어가는 경우에 사용하는 가부키의 독특한 스텝입니다.

隈取り(くまどり)(구마도리)

感情(かんじょう)を強調(きょうちょう)する歌舞伎(かぶき)の化粧法(けしょうほう)です。

감정을 강조하는 가부키의 화장법입니다.

赤(あか)い隈取(くまど)りは、豪傑(ごうけつ)で正義(せいぎ)の味方(みかた)

빨간 구마도리는 호걸로 정의의 편

黒(くろ)い隈取(くまど)りは、悪党(あくとう)

검은 구마도리는 악당

4 狂言(교겐)

狂言は能と同様に14世紀に確立されました。

교겐은 노와 마찬가지로 14세기에 만들어졌습니다.

狂言は、日常の生活をユーモアと風刺を込めてドラマにしたものです。

교겐은, 일상생활을 유머와 풍자로 풀어 드라마화한 것입니다.

能の合間の狂言を「間狂言」、独立して演じられるものを「本狂言」といいます。

노 사이의 교겐을 「아이쿄겐」, 독립해서 연기되는 것을 「혼쿄겐」이라고 합니다.

主役を「シテ」、脇役を「アド」といいます。

주연을 「시테」, 조연을 「아도」라고 합니다.

狂言(きょうげん)の面(おもて)(교겐의 가면)

大黒(だいこく)

불교의 수호신

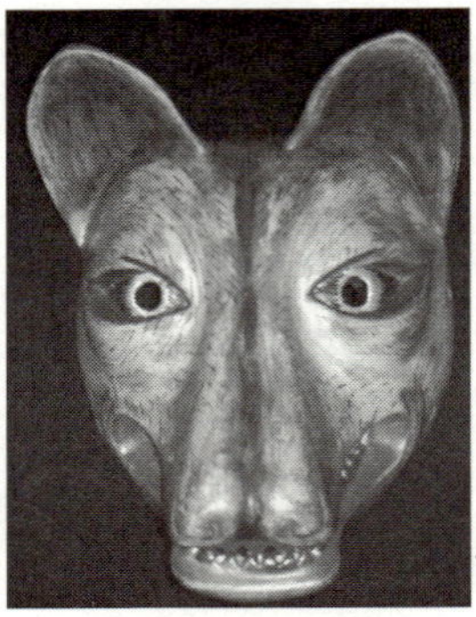

きつね

여우

武悪(ぶあく)

염라대왕 등을 다룸

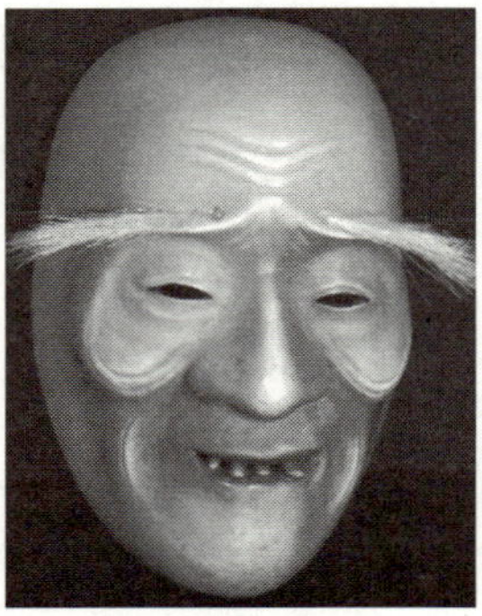

祖父(おおじ)

할아버지

空吹(うそふき)

공취

恵比寿(えびす)

에비스

5 茶道(다도)

茶道はもともと中国から伝わったと言われています。鎌倉時代、日本全国に禅宗が広まるのと共に茶道も全国的に広まりました。そして、室町時代の華やかな東山文化のもと、茶の湯が成立しました。その後、安土桃山時代に千利休が侘茶を完成させ、これが現在の茶道の原形となりました。

다도는 원래 중국에서 전해진 것이라고 합니다. 가마쿠라 시대에 선종이 일본 전국으로 확대됨에 따라 다도도 전국적으로 퍼져나갔습니다. 그리고 무로마치 시대의 화려한 히가시야마 문화를 바탕으로, 다도가 탄생되었습니다. 그 후, 아즈치모모야마 시대에 센 리큐가 조화, 존경, 청정, 정숙이라는 화경정숙(和敬静寂)의 정신을 중시하는 와비차를 완성하였고, 이것이 현재 다도의 원형이 되었습니다.

千利休の死後、茶道は子孫に受け継がれ、表千家、裏千家、武者小路千家の、いわゆる三千家の流派が生まれました。

센 리큐가 죽은 후, 다도는 자손들에게 계승되어, 오모테센케, 우라센케, 무샤노코지센케 등의, 소위 3센케의 유파가 생겨났습니다.

茶室(ちゃしつ)の構成(こうせい)(다실의 구성)

① 床(とこ)の間(ま)	② 落(お)とし掛(が)け	③ 下(さ)げ束(づか)	④ 書院(しょいん)
⑤ 床板(とこいた)	⑥ 床框(とこがまち)	⑦ 床脇(とこわき)	⑧ 地袋(じぶくろ)
⑨ 違(ちが)い棚(だな)	⑩ 天袋(てんぶくろ)	⑪ 床柱(とこばしら)	⑫ 鴨居(かもい)
⑬ 小壁(こかべ)	⑭ 竿縁(さおぶち)	⑮ 地板(じいた)	⑯ 敷居(しきい)
⑰ 長押(なげし)	⑱ 回(まわ)り縁(ぶち)	⑲ 無目(むめ)	⑳ 欄間(らんま)

お茶(ちゃ)の飲(の)み方(かた)(차 마시는 법)

① 茶碗(ちゃわん)を左手(ひだりて)にのせ、右手(みぎて)を添(そ)えます。
찻잔을 왼손 위에 놓고, 오른손을 얹습니다.

② 右(みぎ)に三回(さんかい)まわします。
오른쪽으로 3번 돌립니다.

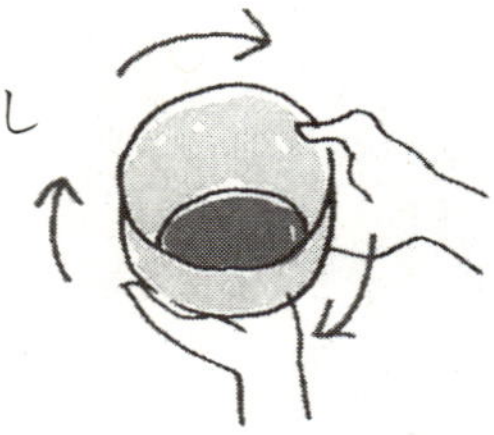

③ 最後(さいご)の一滴(いってき)は、音(おと)を立(た)てて吸(す)います。
마지막 한 방울은 소리를 내고 마십니다.

④ 飲(の)み口(くち)を拭(ふ)きます。
입에 닿은 부분을 닦습니다.

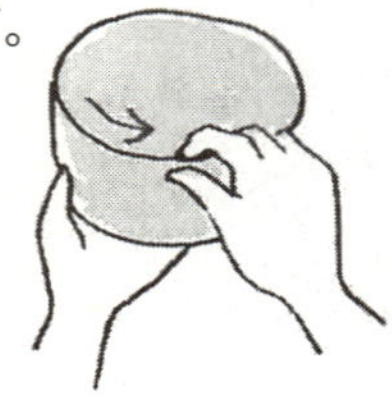

⑤ 茶碗(ちゃわん)を左(ひだり)に三回(さんかい)まわします。
찻잔을 왼쪽으로 3번 돌립니다.

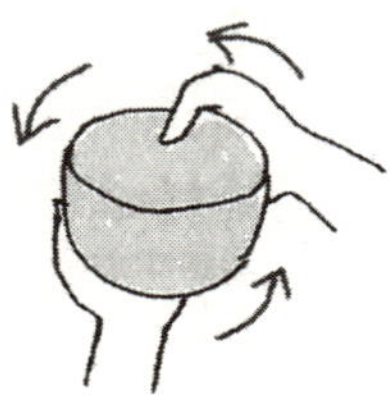

⑥ 一礼(いちれい)をします。
한번 예를 표합니다.

お茶(ちゃ)の種類(しゅるい)(차의 종류)

お茶(ちゃ) 차	不発酵茶(ふはっこうちゃ) 불발효차	煎茶(せんちゃ) 센차	
		番茶(ばんちゃ) 반차	
		玉露(ぎょくろ) 교쿠로	
		碾茶(てんちゃ) 덴차	
		ほうじ茶(ちゃ) 호지차	
		玄米茶(げんまいちゃ) 겐마이차	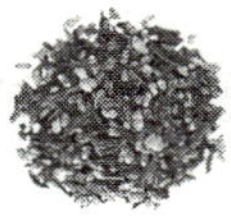
		かぶせ茶(ちゃ) 가부세차	
		抹茶(まっちゃ) 맛차	
	半発酵茶(はんはっこうちゃ) 반발효차	ウーロン茶(ちゃ) 우롱차	
	発酵茶(はっこうちゃ) 발효차	紅茶(こうちゃ) 홍차	

茶道の精神(다도의 정신)

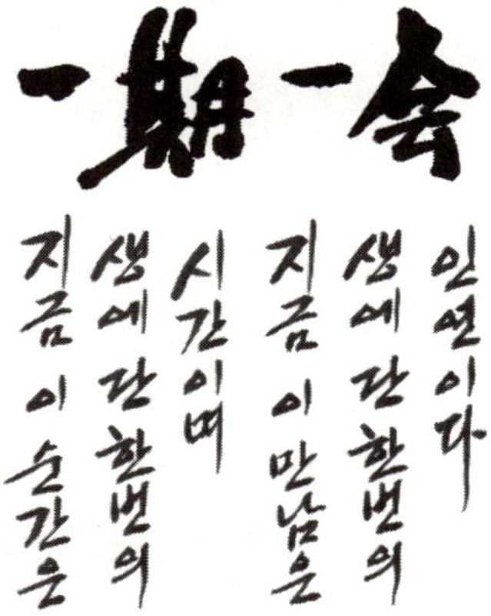

一期一会: お茶席に招かれた場合にそれを一生に一度の機会だと思い大切にすることです。

일기일회: 다회에 초대받은 경우, 그것을 일평생 단 한번의 기회라고 생각해서 소중히 하는 것입니다.

和敬静寂: 調和、尊敬、清浄、静寂という茶道の大切な四つの要素を表した言葉です。

화경정숙: 조화, 존경, 청정, 정숙이라는 다도의 소중한 네 가지 요소를 나타낸 말입니다.

和(화) … お互い仲良くする事

서로 사이좋게 지내는 것

敬(경) … お互い敬いあう事

서로 존경하는 것

静(정) … 見た目だけでなく心の清らかさの事

겉모양뿐만 아니라 마음을 깨끗이 하는 것

寂(숙) … どんな時にも動じない心の事

어떤 경우에도 동요하지 않는 마음

お茶の生産量が多い県(차 생산량이 많은 현)

① 静岡県: 日本のお茶の約40%を作っている日本一の産地です。山に囲まれた地域で作られる川根茶などが有名です。

시즈오카현: 일본차의 약 40%를 재배하고 있는 일본 제일의 차 산지입니다. 산으로 둘러싸인 분지에서 재배되는 가와네차 등이 유명합니다.

② 鹿児島県: 広く平らな地域で作られる鹿児島県のお茶。薩摩半島の知覧で作られる知覧茶などが有名です。

가고시마현: 넓고 평평한 지역에서 재배되는 가고시마현의 차. 사쓰마반도의 지란에서 재배되는 지란차 등이 유명합니다.

③ 三重県: 古くからお茶の産地として有名な三重県。三重県のお茶は、昔の地名をとって、伊勢茶と呼ばれています。

미에현: 예로부터 차의 산지로 유명한 미에현. 미에현의 차는, 옛 지명을 따서, 이세차라 부릅니다.

6 伝統音楽(전통음악)

謡(우타이)

能の声楽部分が「謡」です。謡の発声は、腹式呼吸を基本とし、あごを引き、のどぼとけを下げるようにして、息とともに声を出します。

노의 성악부분이 「우타이」입니다. 우타이 발성은, 복식호흡을 기본으로 하고, 턱을 당기고, 목을 내리듯이 해서 호흡과 함께 소리를 냅니다.

謡の文章は古語で書かれているだけでなく、和歌や漢詩、王朝物語などの引用が盛り込まれているため、現代人にはやや意味が通じにくいところもあります。

우타이 문장은 고어로 되어 있을 뿐만 아니라, 와카나 한시, 왕조이야기 등의 인용이 포함되어 있기 때문에 현대인들에게는 의미가 통하기 어려운 경우도 있습니다.

義太夫節(기다유부시)

義太夫節は、文楽の中で使われる物語を歌います。「詞」と「地合」と「節」とから成り立っています。

기다유부시는, 분라쿠에서 사용되는 이야기를 노래합니다. 「고토바」와 「지아이」와 「후시」로 구성되어 있습니다.

「詞」は登場人物のセリフのように語る部分で、原則として三味線は入りません。「地合」は三味線の旋律がついている部分です。「節」は「地合」よりも音楽的な要素が強く、歌っているように聞こえる部分です。

「고토바」는 등장인물의 대사처럼 이야기하는 부분으로, 원칙적으로 샤미센 연주는 하지 않습니다. 「지아이」는 샤미센 선율이 수반되는 부분입니다. 「후시」는 「지아이」보다도 음악적인 요소가 강하고, 노래하는 것처럼 들리는 부분입니다.

登場人物のセリフに当たる部分が全て「詞」で語られれば分かりやすいのかも知れませんが、それでは単調で深みのない音楽になってしまいます。

등장인물의 대사에 해당하는 부분을 모두 「고토바」로 이야기할 수 있으면 이해하기 쉬울지 모르지만, 그러면 단조롭고 깊이 없는 음악이 되고 맙니다.

長唄(나가우타)

長唄は、三味線に合わせて歌う長時間にわたる歌で、歌舞伎や古典舞踊に使われ

ます。

나가우타는, 샤미센에 맞추어 장시간에 걸쳐 부르는 노래로, 가부키나 고전무용에 사용됩니다.

民謡(민요)

民謡は、地方色を強く反映した素朴な歌謡です。

민요는, 지방색을 강하게 반영한 가요입니다.

小唄(고우타)

小唄は、三味線の爪弾きに合わせて歌うものです。

고우타는, 샤미센의 쓰마하지키(손톱 끝 연주)에 맞추어 노래하는 것입니다.

わらべうた(와라베우타)

古くから子どもたちの間で歌われてきた歌、あるいは子どもに聞かせる歌です。

옛날부터 아이들 사이에서 불렸던 노래, 또는 아이들에게 들려주던 노래입니다.

7 日本画(일본화)

日本の絵画は中国から伝わった技法の影響下に成長しました。奈良時代から平安時代には徐々に日本的な絵画の特質が現れ始め、大和絵として確立しました。鎌倉時代には中国から水墨画が伝わり、室町時代に独自のものが完成します。そして江戸時代には浮世絵が誕生しました。

일본 회화는 중국에서 전해진 기법의 영향을 바탕으로 성장했습니다. 나라 시대부터 헤이안 시대까지는 일본적인 회화의 특질이 서서히 나타나기 시작하면서, 야마토에로 자리 잡습니다. 가마쿠라 시대에는 중국으로부터 수묵화가 전해지고, 무로마치 시대에는 이를 일본만의 독자적인 것으로 완성하였습니다. 그리고 에도 시대에는 우키요에가 탄생하였습니다.

日本画と呼ばれるものは、伝統的な素材、技法、形式で作られた絵画で絹や和紙の上に、墨や岩絵の具などの顔料を使って筆やはけで描きます。

일본화는, 전통적인 소재, 기법, 형식으로 만들어진 회화로 비단이나 일본전통 종이 위에, 먹이나 그림물감 등의 미세한 분말을 사용해서 붓이나 솔로 그립니다.

8 浮世絵(우키요에)

浮世絵の「浮き世」とは「現実」という意味で、16世紀後半に京都の庶民生活を描いた絵として始まりました。浮世絵が大衆文化として多くの人々に広まったのは、18世紀になってからのことです。人々は浮世絵からファッション、旅行、いろいろな出来事の情報を得ていました。

우키요에의 「우키요」란, 「현실」이라는 의미로, 16세기 후반에 교토의 서민생활을 그린 작품으로 시작되었습니다. 우키요에가 대중문화로써 많은 사람들에게 알려진 것은 18세기 이후부터입니다. 사람들은 우키요에에서 패션, 여행, 여러 가지 사건 등의 정보를 얻었습니다.

西洋の絵画技法が頂点に達した19世紀末、ヨーロッパの画家たちが包装紙として使われていた日本の浮世絵を目にし、その表情豊かな線、簡潔な色使い、自由な発想の図柄などの表現方法に強い衝撃を受けたといわれています。

서양의 회화기법이 정점에 달한 19세기 말, 유럽 화가들이 포장지로 사용되던 일본의 우키요에를 보고, 그 표정 속의 풍부한 선, 간결한 색, 자유로운 발상의 도안 같은 표현방식에 강한 충격을 받았다고 합니다.

浮世絵の種類(우키요에의 종류)

浮世絵には、美人画、風景画、相撲絵、役者絵などがあります。

우키요에에는, 미인화, 풍경화, 스모 그림, 배우 그림 등이 있습니다.

① 美人画(미인화)

美人画は当時の江戸の女性を描いたもので、今でいえば男性にとってのあこがれの都会の女性像といえるでしょう。

미인화는 당시 에도 여성을 그린 그림으로, 오늘날과 비교해서 설명하면, 남성에 있어서 동경의 대상인 도회지 여성상이라고 할 수 있을 것입니다.

※ 喜多川歌麿: 世界的に知られている浮世絵師です。浮世絵の黄金期に、美人画絵師として活躍しました。

기타가와 우타마로: 세계적으로 알려진 우키에요 화가입니다. 우키요에 황금기에, 미인화 화가로 활약하였습니다.

② 風景画(풍경화)

風景が浮世絵に描かれるようになるのは、庶民の生活が豊かになり、旅を楽しむ余裕が生まれてからのことで、当時の「絵はがき」として使われていました。

우키요에에 풍경이 도입된 것은, 서민들의 생활이 윤택해지고, 여행을 즐길 만한 여유가 생긴 이후의 일로, 당시에는 「그림엽서」로 사용되었습니다.

※ 歌川広重: 風景画の第一人者として幕末に人気を誇った浮世絵師です。

우타가와 히로시게: 풍경화의 제일인자로 에도 시대 말기에 인기를 끌었던 우키요에 화가입니다.

※ 葛飾北斎: 江戸時代後期の浮世絵師です。

가쓰시카 호쿠사이: 에도 시대 후기의 우키요에 화가입니다.

③ 相撲絵(스모 그림)

④ 役者絵(やくしゃえ)(배우 그림)

⑤ 枕絵(まくらえ)(춘화)

9 鳥獣戯画(조수회화)

日本の漫画のルーツは、京都市の高山寺に伝わる国宝の絵巻「鳥獣戯画」だといわれています。全4巻(甲、乙、丙、丁)で、何人かの筆者が12世紀中ごろから13世紀前半までに作成したと言われています。

일본 만화의 루트는 교토시 고산사에 전해지는 국보인 두루마리 그림 「조수회화」라고 할 수 있습니다. 전 4권(갑, 을, 병, 정)으로 몇 사람인가의 필자가 12세기 중기부터 13세기 전기까지 작성한 것으로 전해지고 있습니다.

「鳥獣戯画」は、動物が人間のように生き生きと描かれている様子が有名です。一番有名なものは、蛙、うさぎ、猿などを擬人化したり、人間の風俗などを風刺的に描いた甲巻です。

「조수회화」는, 동물이 인간처럼 생생하게 묘사되어 있는 모양이 유명합니다. 제일 유명한 것은, 개구리, 토끼, 원숭이 등을 의인화하거나, 인간 풍습 등을 풍자적으로 그린 갑권입니다.

10 陶磁器(도자기)

日本で、陶磁器のことを、「瀬戸物」とも呼びますが、これは有名な産地である愛知県瀬戸市の名前から来ています。

일본에서 도자기를 세토모노라고도 합니다만, 이것은 유명한 산지인 아이치현 세토시의 이름에서 유래한 것입니다.

日本の陶磁器の始まりは縄文土器だと言われています。その後、韓国や中国の影響を受けてさまざまな陶磁器が生まれます。

일본 도자기의 시작은 조몬 토기라고 합니다. 그 뒤, 한국이나 중국의 영향을 받아 여러 가지 도자기가 생겨났습니다.

桃山時代後期からは、朝鮮半島から来た人々により、新しい技術がもたらされ、各藩は製陶に力を入れ保護奨励し、その結果高取焼、上野焼、薩摩焼、唐津焼、萩焼など高麗風の焼物が盛んに作られました。また、1616年に李三平により発見された日本で最初の磁石鉱。この発見により有田(佐賀県)の磁器の歴史が始まりました。

모모야마 시대 후기부터는 한반도에서 건너온 사람들에 의해 새로운 기술이 소개되고, 각 번은 도자기 제조에 힘을 쏟아 보호 장려하고, 그 결과 다카토리야키, 우에노야키, 사쓰마야키, 가라쓰야키, 하기야키 등 고려풍의 도자기가 활발하게 제작되었습니다. 또한 1616년 이삼평에 의해 발견된 일본 최초의 자석광. 이의 발견에 의해 아리타 자기의 역사가 시작되었습니다.

日本の陶磁器は実用に使われるだけでなく、観賞用として芸術性の高い作品が多くあります。華道や茶道において花器や茶碗など器そのものの鑑賞も重要視されてきました。

일본의 도자기는 실용적으로 사용될 분만 아니라, 관상용으로 예술성 높은 작품이 많습니다. 꽃꽂이나 다도에 있어서 화기나 찻잔 같은 그릇 그 자체의 감상도 중요시되어 왔습니다.

有名な陶磁器の産地(유명한 도자기 산지)

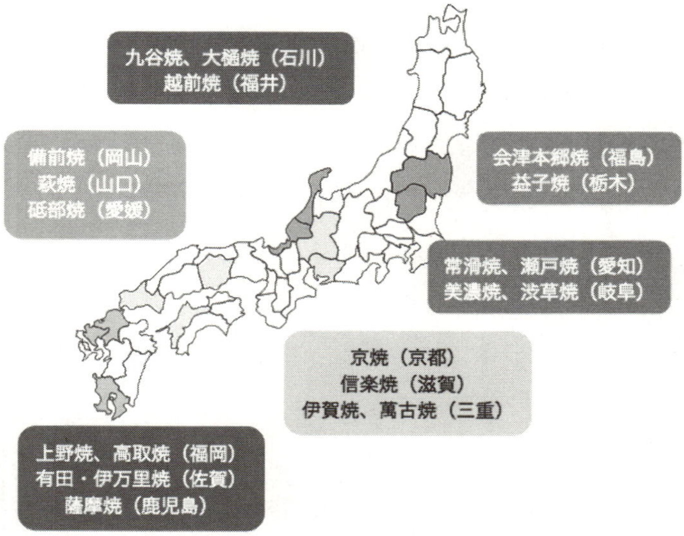

代表的な陶器には①会津本郷焼(福島県)、②益子焼(栃木県)、③常滑焼・瀬戸焼(愛知県)、④美濃焼・渋草焼(岐阜県)、⑤九谷焼・大樋焼(石川県)、⑥肥前焼(福井県)、⑦京焼(京都)、⑧信楽焼(滋賀県)、⑨伊賀焼・万古焼(三重県)、⑩備前焼(岡山県)、⑪萩焼(山口県)、⑫砥部焼(愛媛県)、⑬上野焼・高取焼(福岡県)、⑭有田焼・伊万里焼(佐賀県)、⑮薩摩焼(鹿児島県)などが有名です。

대표적인 도기로는 ①아이즈혼고야키 ②마시코야키 ③도코나메야키 · 세토야키 ④미노야키 · 시부쿠사야키 ⑤구타니야키 · 오히야키 ⑥히젠야키 ⑦교야키 ⑧시가라키야키 ⑨이가야키 · 반코야키 ⑩비젠야키 ⑪하기야키 ⑫도베야키 ⑬우에노야키 ⑭아리타야키 · 이마리야키 ⑮사쓰마야키 등이 유명합니다.

参考書籍
참고서적

『やさしい英語で日本案内』、セイン デイビッド、学研プラス、2016

『英語で日本のしきたりと文化を伝える本』、荒井弥栄、二見書房、2016

『日本文化入門—その基層から美意識まで』、俊一板垣、武蔵野書院、2016

『世界が称賛する日本人が知らない日本』、伊勢雅臣、育鵬社、2016

『英語で日本のしきたりと文化を伝える本』、荒井弥栄、二見書房、2016

『〈日本文化〉はどこにあるか』、井上順孝、春秋社、2016

『国民の祝日と日本の文化』、生方徹夫、モラロジー研究所、2016

『英語で伝える日本の文化・観光・世界遺産』、山口百々男、三修社、2015

『昔ながらの暦に学ぶ日本のしきたり』、かみゆ、宝島社、2015

『英語で日本紹介ハンドブック』、松本美江、ナツメ社、2014

『戦後韓国と日本文化』、金成、岩波書店、2014

『日本の文化と礼儀〈日常編・ビジネス編〉』、島田洋子、三恵社、2013

『イラストでわかる日本のしきたり』、飯倉晴武、素朴社、2013

『新・英語で語る日本事情』、江口裕之、ジャパンタイムズ、2011

『日本事情ー政治・外交・社会編』、山久瀬洋二、ＩＢＣパブリッシング、2011

『日本事情ー地理・人・言語編』、山久瀬洋二、ＩＢＣパブリッシング、2010

『英語で紹介する日本事典』、堀口佐知子、ナツメ社、2010

『絵でわかる英語で紹介する日本文化』、桑原功次、ナツメ社、2009

『日本を英語でほめてみる』、成美堂出版編集部、成美堂出版、2009

『中学英語で話せる日本文化』、桑原功次、汐文社、2009

『英語で日本のすべてを紹介する事典』、向井京子、日本文芸社、2008

『日本文化ビジュアル事典』、近藤珠實、池田書店、2008

『徹底比較 日本ＶＳ．韓国』、高月靖、河出書房新社、2008

저자 **박복원**

현) 한국국제대학교 관광일어학과 교수
현) 한국국제대학교 교수협의회 의장

• 저서

『일본어로 즐기는 여행』(백산출판사, 2017)
『이미지로 배우는 일본어』(백산출판사, 2016)
『일본정보뱅크』(백산출판사, 2004)
『보석상자 일본사정』(일본어뱅크, 1993) 외 다수

• 논문

「바쇼(芭蕉)의 사상 형성에 관한 연구」(경상대학교 대학원 박사학위논문, 2008)
「한일 표박(漂泊) 시인에 관한 연구」(일본 스미토모연구재단 연구지원 논문, 2010)
「바쇼와 고산의 자연관 비교 연구」(일본 국제교류기금 연구지원 논문, 2015) 외 다수

일본 나비

2017년 7월 10일 초판 1쇄 인쇄
2017년 7월 15일 초판 1쇄 발행

지은이 박복원
펴낸이 진욱상
펴낸곳 백산출판사
교 정 편집부
본문디자인 박채린
표지디자인 오정은

등 록 1974년 1월 9일 제406-1974-000001호
주 소 경기도 파주시 회동길 370(백산빌딩 3층)
전 화 02-914-1621(代)
팩 스 031-955-9911
이메일 edit@ibaeksan.kr
홈페이지 www.ibaeksan.kr

ISBN 979-11-5763-378-4
값 20,000원